Ralf Hutter

Staatlich erzeugte Halbwaisen

Ralf Hutter

Staatlich erzeugte Halbwaisen

Wie Gerichte und Jugendämter systematisch Trennungsfamilien zerstören

Alibri Verlag
Aschaffenburg

2025

Ralf Hutter arbeitet in Berlin als Freier Journalist fürs Öffentlich-Rechtliche Radio sowie für diverse Zeitschriften, Zeitungen und Online-Medien. Bei Alibri erschien 2023 *Der Hausherr gibt es, der Hausherr nimmt es. Profitgier und Verdrängung im christlichen Immobiliengeschäft.*

Alibri Verlag
www.alibri.de
verlag@alibri.de
Mitglied in der Assoziation Linker Verlage (aLiVe)

1. Auflage 2025

Umschlaggestaltung: Claus Sterneck
unter Verwendung einer Abbildung von © Pojoslaw | Dreamstime.com (ID 290026232)

Druck und Verarbeitung: Interpress, Budapest

ISBN 978-3-86569-431-7

Inhaltsverzeichnis

1. Eltern-Kind-Trennungen sind das zentrale Übel an der deutschen Familiengerichtsbarkeit

Statistisch gesehen, verlieren in Deutschland jeden Tag etliche Dutzend Kinder und Jugendliche den Kontakt zu einem Elternteil, zu dem sie mal eine gute Beziehung gehabt haben. Das ist seit vielen Jahren so, und es hat nicht nur für die Betroffenen – auch die Elternteile – oft schlimme und langfristige Konsequenzen, sondern es wirkt sich auch gesellschaftlich negativ aus. Dennoch wird dieses Dauerproblem offenbar nie in einer breiten Öffentlichkeit direkt angesprochen. Ich schätze deshalb, dass vielen Menschen die Brisanz nicht klar ist.

In der Fachwelt hingegen ist die Misere wohlbekannt. So hält der im Januar 2025 veröffentlichte Familienbericht der Bundesregierung fest:

> „Vergleichende Analysen auf Basis des europäischen Generations and Gender Survey weisen darauf hin, dass Kontaktabbrüche zwischen Kind(ern) und einem Elternteil nach Trennung und Scheidung in Deutschland besonders häufig sind."

Gesicherte Zahlen dazu gibt es nicht, aber einige Schätzungen. In der *Zeitschrift für Kindschaftsrecht und Jugendhilfe* 7/2022 erschien dazu eine Berechnung von fünf Fachleuten aus Wissenschaft und familienrechtlicher Praxis in einem Artikel mit dem Titel: „Zur Notwendigkeit professioneller Intervention bei Eltern-Kind-Entfremdung". Sie schätzen konservativ, „dass sich in Deutschland jedes Jahr die Eltern von rund 220.000 minderjährigen Kindern dazu entscheiden, ihre Paarbeziehung durch Trennung oder Scheidung aufzulösen", und fügen hinzu.

> Im Zuge des biografischen Umbruchs, der mit elterlichen Trennungen verbunden ist, kommt es in der Bundesrepublik Deutsch-

> land statistisch derzeit bei etwa einem Drittel aller Trennungsfamilien zu einem Kontaktverlust der Kinder zu einem ihrer beiden Eltern, in der ganz überwiegenden Zahl zu den Vätern."

Ein Drittel von 220.000 sind über 70.000 Kinder. Pro Jahr. Andere Schätzungen seit der Jahrtausendwende kommen auf andere Prozentsätze der Trennungsfamilien, bei denen ein Kontaktverlust eintritt.

Das *Deutsche Jugendinstitut* (DJI) forscht naturgemäß zu dieser Frage. Der erwähnte Familienbericht der Bundesregierung von 2025, den das DJI erstellt hat, basiert auf der repräsentativen DJI-Erhebung AIDA („Aufwachsen in Deutschland") von 2019. Demzufolge leben 17 Prozent der Kinder und Jugendlichen in Deutschland getrennt von einem ihrer Elternteile. Von ihnen haben 22 Prozent gar keinen Kontakt zu diesem Elternteil. Weitere 29 Prozent haben zwar Kontakt, übernachten aber nie bei diesem Elternteil. In der letztgenannten Gruppe hat nur die Hälfte wöchentlich Kontakt zum getrennt lebenden Elternteil. Diese Zahlen beruhen übrigens auf einem Minimalverständnis von Kontakt: Auch Kommunikation per Telefon oder Internet zählen. Treffen gibt es also noch seltener.

Wenn wir zumindest die eine Hälfte der 29 Prozent der Trennungskinder und -jugendlichen einbeziehen, die nicht mal wöchentlich mit dem anderen Elternteil spricht und nie bei ihm übernachtet, dann kommen wir auf rund 37 Prozent (22 + 15) aller Trennungskinder, die gar keine oder keine akzeptable Beziehung zu einem ihrer Elternteile haben. Es gibt Fälle, in denen das nicht dramatisch ist, aber dass nach Paartrennungen mehr als jedes dritte betroffene Kind so ein Schicksal erleidet, sollte eine Gesellschaft nicht akzeptieren. Seltener Kontakt ist keine wünschenswerte Eltern-Kind-Beziehung und kann im Grunde zu denselben Problemen führen wie ein kompletter Kontaktabbruch. Wenn wir es als wünschenswert ansehen, dass Kinder auch mal bei ihren Eltern übernachten, müssen wir festhalten, dass 51 Prozent aller Trennungskinder in Deutschland nicht diesen Mindestkontakt zu beiden Eltern haben. Konkret ist im Bericht zu lesen, dass es dabei um „eine Vielzahl von Abbrüchen vor allem bei Vater-Kind-Kontakten" geht.

Die vorangegangene AIDA-Erhebung von 2015 hatte ähnlich schlimme Zahlen erbracht. Ein dreiköpfiges DJI-Team veröffentlichte 2020 in der *Zeitschrift für Soziologie der Erziehung und Sozialisation* dazu und hielt dabei fest: „17,5% aller Kinder hatten keinen Kontakt zum Vater“.

Weitere 25 Prozent der Kinder hatten höchstens zwei Mal pro Monat Kontakt zum Vater, wobei auch in diesem Fall telefonischer oder schriftlicher Kontakt mitgemeint ist. Hier ist ganz klar festzuhalten: 42 Prozent der Trennungskinder hatten keine auch nur ansatzweise akzeptable Beziehung zu ihrem Vater. Die Zahlen basieren wohlgemerkt nicht auf Angaben von Vätern, wie in manchen anderen Befragungen, sondern von Müttern.

Weitere Zahlen finden sich in der Studie *Getrennt gemeinsam erziehen*, die das Umfrageinstitut Allensbach 2017 im Auftrag des Bundesjustizministeriums vorgelegt hat. In der repräsentativen Befragung ging es um Eltern minderjähriger Kinder, die sich vom anderen Elternteil mindestens eines ihrer Kinder getrennt hatten, als das oder die gemeinsamen Kinder noch minderjährig waren. Nur drei Viertel gaben an, noch Kontakt zum anderen Elternteil zu haben, und nur 78 Prozent, dass das gemeinsame Kind noch zu beiden Elternteilen Kontakt hatte. Der Kontaktverlust war dabei sehr ungleich verteilt: Bei 18 Prozent der Befragten hatte nur die Mutter Kontakt zu den Trennungskindern, bei 3 Prozent nur der Vater. Die Studie erbringt darüber hinaus:

> „Von den befragten Trennungseltern, die keinen Kontakt zum Kind haben, geben die meisten an, dass der Kontaktabbruch auf Betreiben des anderen Elternteils erfolgte und dass sie selbst sich Kontakt zum Kind wünschten.“

Dass vor allem allein sorgeberechtigte Elternteile den Kontakt der Kinder zu den anderen Elternteilen – im Familienrecht Umgang genannt – sabotieren, ist seit langem bekannt. Schon im Dezember 1995 veröffentlichte der Psychologieprofessor und Gerichtssachverständige Wolfgang Klenner in der *Zeitschrift für das gesamte Familienrecht* einen Artikel mit der Überschrift: „Rituale der Umgangsvereitelung“. Er tat das aufgrund seiner Beobachtung, dass solche Sabotage an Eltern-Kind-Kontakten nicht mehr nur in Einzelfällen vorkam, wie noch Ende der 1970er-Jahre:

> „Die Zahl widerspenstiger Sorgerechtsinhaber unter den Eltern, sowohl gegenüber außergerichtlichen als auch gegenüber gerichtlichen Bemühungen zur Respektierung der Umgangsbefug-

> nis, hat derart zugenommen, dass darüber nicht mehr einfach zur Tagesordnung übergegangen werden kann."

Klenner diagnostizierte sogar eine „offizielle Duldung" dieser Straftaten, der „weiteres Unrecht und auch mangelnder Respekt vor der Gerichtsbarkeit auf dem Fuße folgen". Dass in Deutschland jährlich Zehntausende Minderjährige den Kontakt zu einem Elternteil verlieren, und dass das oft vom anderen Elternteil herbeigeführt oder zumindest provoziert wird, ist vollkommen inakzeptabel. Der Staat unterhält für viel Geld Gerichte und Jugendämter, die Kontaktabbrüche eigentlich verhindern sollen.

Die Problematik wurde schon früh in der hochoffiziellen sogenannten Proksch-Studie (auf die ich in Kapitel 3 detaillierter eingehen werde) mit wissenschaftlichen Mitteln dargelegt, und dort sowohl kritischer als auch konkreter berichtet, als in den genannten Erhebungen des DJI. Nachdem 1998 die große Kindschaftsrechtsreform in Kraft getreten war, schrieb das Bundesjustizministerium eine umfassende Evaluierungsstudie aus, mit der dann der Juraprofessor Roland Proksch beauftragt wurde. Für sie wurden zwischen 1999 und 2002 Tausende Eltern, deren Ehe im ersten Quartal 1999 geschieden worden war, je zwei Mal detailliert befragt. In Sachen Repräsentativität und Themendurchdringung dürfte diese Studie immer noch einzigartig sein. Im Studienabschlussbericht von März 2002 ist zu lesen:

> „Die Befragungsergebnisse bestätigen frühere Forschungsergebnisse, dass gerade bei Kindern von Eltern, die die Alleinsorge erstritten haben, das Risiko des Kontaktabbruchs zum umgangsberechtigten Elternteil erheblich ist. Nicht selten verfolgen sie eine klare Abgrenzung zum umgangsberechtigten Elternteil und beeinträchtigen damit (auch) das Umgangsrecht ihrer Kinder. 34% der umgangsberechtigten Eltern ohne elterliche Sorge haben im Jahr 2001 bereits 'gar keinen Umgangskontakt' (16,8% „nur selten") zu ihren Kindern, gegenüber 5% (9%) der Eltern mit gemeinsamer elterlicher Sorge und 9,2% (12,7%) der Eltern, die die gemeinsame elterliche Sorge leben, weil ihr streitiger Antrag auf Übertragung der Alleinsorge abgewiesen wurde. Zur Begründung geben vor allem die umgangsberechtigten Eltern ohne elterliche Sorge an, dass der andere Elternteil den Kontakt ver-

> hindert habe. Hauptbetreuende Eltern mit alleiniger elterlicher Sorge räumen dabei ein, dass sie selbst den Kontakt 'nicht mehr wollen'. Gerichtliche Sanktionen müssen sie kaum befürchten. Die juristischen Möglichkeiten sind zwar theoretische Optionen, sie sind in der Praxis nur selten erfolgreich. Hinzu kommt, dass die Dauer solcher Verfahren den Absichten des boykottierenden Elternteils entgegenkommt."

Schon 2001, zwei Jahre nach der Scheidung, war also in der Hälfte aller Familien mit Alleinsorge ein inakzeptabler Kontaktverlust des benachteiligten Elternteils zum Kind eingetreten! Auch die neun Prozent bei den gemeinsam sorgeberechtigten Eltern, von denen nie jemand versucht hatte, den anderen Elternteil gerichtlich zu entrechten, sind ein hoher Wert.

Das Schlimmste an diesen Fällen ist, dass sie oft zu langfristigem Leid und psychischen Störungen führen. Zentral bei diesem Thema ist nämlich, dass die betroffenen Kinder und Jugendlichen einen immensen Verlust erleiden (den sie eventuell erst viel später realisieren). Es geht hier nicht um die Fälle, in denen es einen guten Grund für den Kontaktverlust gibt oder in denen die Kinder von Anfang an keinen Kontakt zu einem Elternteil hatten. Ein Kind muss nicht mit seinen biologischen Eltern aufwachsen, auch nicht mit sowohl einem Mann als auch einer Frau. Aber wenn es als Kleinkind schon eine akzeptable Primärbeziehung aufgebaut hat, und diese dann verloren geht, entsteht normalerweise ein riesiger Schaden. Wir müssen wohl davon ausgehen, dass die Gesellschaften, in denen diese Zustände seit Jahrzehnten herrschen, in mehreren Generationen einen Rucksack trennungsbedingter psychischer Probleme mit sich herumschleppen.

Darauf wird auch seit Jahrzehnten von Fachleuten hingewiesen. Zuerst und am stärksten ist das offenbar in den USA beobachtet worden, wo Kriminalität und Drogensucht in einem starken Zusammenhang mit dem Verlust des Vaters gesehen wurden. Wer an diesem Verlust im einzelnen Fall die Schuld trug, ist an dieser Stelle unerheblich, denn es geht darum, Vorkehrungen zu treffen, dies zu verhindern oder zumindest die Zahl der Fälle möglichst niedrig zu halten. Vor allem sollte die Familiengerichtsbarkeit solche Fälle nicht selbst produzieren.

Ich werde in diesem Buch zeigen, dass der deutsche Staat nicht nur zu wenig zur Bekämpfung dieses Elends tut, sondern es tatsächlich systematisch mitproduziert. Es handelt sich um ein seit Jahrzehnten anhaltendes Dauerverbrechen gegen vor allem Kinder und Jugendliche und damit nicht nur um einen sozialpolitischen Irrsinn, der seinesgleichen sucht und für den Staat in jeder Hinsicht kontraproduktiv ist, sondern auch um einen der größten Justizskandale in der Geschichte dieser Republik.

--•--

Gleichzeitig halte ich dieses Thema für sehr wichtig, weil der Kampf gegen Eltern-Kind-Kontaktabbrüche auch der Lösung anderer kindschaftsrechtlicher Probleme dient. Das Kindschaftsrecht ist neben Scheidungs- und Erbrecht ein Teilbereich des Familienrechts. Ich spreche im Folgenden trotzdem meistens von Familienrecht, obwohl ich mich nur auf das Kindschaftsrecht beziehe, und zwar, weil die hier im Fokus stehende Institution *Familiengericht* heißt. Die Familiengerichte sind keine eigenständigen Institutionen, wie zum Beispiel die Sozial- oder Finanzgerichte, sondern Abteilungen der Amts- und Oberlandesgerichte. Ich benutze oft den Begriff „Familiengerichtsbarkeit“, womit ich die Akteure mitmeine, die bei Kindschaftssachen meistens an den Gerichtsverfahren beteiligt sind: Jugendamt und Verfahrensbeistand, die gerichtlich bestellte Person, die freiberuflich die Interessen des Kindes ermitteln und ins Verfahren einbringen soll.

Die Familiengerichtsbarkeit wird sowohl von Elternseite als auch von beruflich in diesem Bereich Tätigen und der Presse kritisiert. Zudem gibt es in politischen Parteien die üblichen unterschiedlichen Ansichten, wessen Interessen stärker in der Rechtsprechung berücksichtigt werden sollten. Hinzu kommt, dass der Bereich Familie stärker als viele andere gesellschaftliche Bereiche mit gesellschaftlichem Wandel und einem damit einhergehenden Wertewandel zusammenhängt, sich also manchmal neue Sichtweisen durchsetzen (müssen).

Konkret gehen die Kritiken in ganz unterschiedliche Richtungen: Mal macht ein Jugendamt zu wenig, und Kinder leiden unter Lebensverhältnissen, vor denen der Staat sie eigentlich schützen muss; mal macht eines zu viel, indem es vorschnell – und eventuell mit polizeilicher Gewalt – Kinder aus Familien nimmt, beziehungsweise sie nicht nach einer angemessenen Zeit wieder zu den Eltern lässt. Strukturell dieselben Fehlentscheidungen in mal die eine, mal die andere Richtung werden bei den Gerichten beklagt. Und mal erscheinen die Väter benachteiligt, mal die Mütter. Zudem ist es eine auf ewig heikle und schwierige Frage, wie sehr der Wille eines Kindes berücksichtigt werden soll, wenn die Lebensumstände einer Trennungsfamilie geregelt werden sollen.

In dieser Gemengelage ist es nicht ganz einfach, eine strukturelle Kritik, beziehungsweise Analyse zu formulieren, die sich nicht nur mit relativ leicht zu benennenden und in der Szene bekannten oberflächlichen Missständen beschäftigt. Es gibt nicht den einen Hebel, mit dem die vielfältigen Problematiken des Familienrechts und der Rechtsprechung aus den Angeln gehoben werden können, aber es lohnt die Suche nach einem, der zumindest weitgehend diese Problematiken beseitigt.

2023 sind zwei Bücher erschienen, die die deutsche Kindschaftsrechtsprechung skandalisieren, und bei denen es schon ausweislich des Inhaltsverzeichnisses inhaltliche, ideologische und personelle Überschneidungen gibt. Das eine Buch beschäftigt sich mit angeblicher systematischer Diskriminierung von Müttern durch Familiengerichte. Ich habe es nicht gelesen, aber so ein Ansatz kann nicht weit führen, denn Väter wurden im Familienrecht jahrzehntelang massiv diskriminiert, und das hat immer noch Auswirkungen auf Rechtsprechung und Rechtslage. Es mag sein, dass es in einer Reihe von Gerichten auch Denkweisen gibt, die die Mütter benachteiligen. Kritik daran ist aber keine systematische, umso weniger, als es bei dieser Thematik stark um gesetzliche Vorgaben geht, und da ist keine Diskriminierung von Müttern enthalten.

Das zweite Buch hat einen ähnlichen Untertitel wie meines, verfolgt aber einen ganz anderen Ansatz, und zwar in doppelter Hinsicht. Zum einen wird dort vehement die Ansicht vertreten, in schwierigen Streitfällen müsse der Kindeswille ausschlaggebend sein. Wie gesagt, da geht es um schwierige Abwägungen, aber in dem besagten Buch wird die Diskussion um die Bedeutung des Kindeswillens, gelinde gesagt, entweder gar nicht oder nur wenig reflektiert geführt. Vielmehr wird wiederholt offen bestritten, dass manche Eltern ihre Kinder dem anderen Elternteil entfremden – also den Kindeswillen manipulieren –, oder, was noch häufiger vorkommt, die Beziehung zum anderen Elternteil schlechtreden oder anderweitig torpedieren, was ebenfalls die Gefahr einer Entfremdung mit sich bringt. Als großer Hebel für die Lösung oder Verhinderung vielfältiger familienrechtlicher Probleme taugt der Kindeswille jedenfalls nicht – es hat schon seine Richtigkeit, dass Kinder bei langfristig bedeutsamen Entscheidungen nicht alleine bestimmen dürfen, was gut für sie ist (wobei es natürlich stets diskutabel ist, in welchem Alter sie welche Entscheidungen treffen oder zumindest stark beeinflussen dürfen sollen).

Damit sind wir beim zweiten Unterschied zu meinem Buch: Eine systematische Herangehensweise liegt da gar nicht vor. Vielmehr werden die erwähnten mehr oder weniger szenebekannten Missstände zusammengetragen, deren Behebung oft längst auch von Berufsverbänden gefordert wird, und mit der Schilderung extremer Fälle verknüpft, an denen dann immer wieder das Brechen des Kindeswillens hervorgehoben wird.

In meinem Buch geht es hingegen um einen fundamentalen Ansatz. Um einen Leitgedanken. Um ein Ziel, das wohl nicht hundertprozentig erreicht werden kann, bei dessen Verfolgung aber viele heutige Verwerfungen für unzählige Kinder verhindert werden können. Das zentrale Übel an der deutschen Familiengerichtsbarkeit ist, dass sie unheimlich viele Kontaktabbrüche zwischen Eltern und Kindern herbeiführt. Je stärker das vermieden wird, umso stärker dürften auch andere Probleme abnehmen.

Ich benutze den Begriff Eltern-Kind-Trennung mehrdeutig. Zum einen meine ich damit den Abriss des Kontakts, und zwar nicht nur den vollständigen, sondern auch einen nur weitestgehenden Kontaktabbruch. Diese beiden Zustände wechseln sich in manchen Fällen ab. Zum anderen beziehe ich mich auch auf größere räumliche Trennungen, denn dieser konkrete Aspekt verdient viel mehr Beachtung, als ihm gemeinhin – zumindest in der Familiengerichtsbarkeit – geschenkt wird.

Schon die Verhinderung großer räumlicher Distanz würde präventiv gegen heute quantitativ und qualitativ bedeutsame Probleme für Trennungsfamilien und Familiengerichte helfen. Wenn ein Elternteil den anderen auf irgendeine Weise ausbooten will, ist das deutlich schwieriger, wenn der nicht weit entfernt wohnt. Selbst wenn das Kind schon negative Gefühle gegenüber einem Elternteil hat, ist die Annäherung zwischen den Beiden zu gegebener Zeit bedeutend einfacher, wenn sie sich auch zufällig begegnen können, oder der Elternteil öfter mal zum Spiel des Sportvereins oder zum Konzert der Band des Kindes vorbeikommen kann. Auch ein guter Teil der Sorgerechtskonflikte wäre bei geringer räumlicher Distanz und regelmäßigen Kontakten des Kindes zu beiden Eltern zumindest deutlich entschärft. Manche Fachleute vertreten die These, dass es bei Sorgerechtsstreitigkeiten oft letztendlich vor allem um Fragen des Kontakts zum Kind geht. Sorge- und Umgangsrecht sind zwei juristisch getrennte Materien, aber die Tatsache, dass seit Jahren darüber diskutiert wird, diese Trennung per Gesetzesreform aufzuheben, zeigt schon, dass an besagter These viel dran sein dürfte. Das Sorgerecht betrifft die fundamentalen, langfristig wirkenden Entscheidungen für ein Kind, vor allem: Schulwahl, medizinische Behandlungen, Wohnort. Ich gehe davon aus, dass wegen der Schulwahl kaum Elternkonflikte eskalieren, wegen Umzügen hingegen schon, denn die beeinflussen eben die zukünftigen Kontaktmöglichkeiten. Stellten die Gerichte die Verhinderung von Kontaktabbrüchen ganz obenan, würden wohl so manche Elternteile auf einen Sorgerechtsstreit verzichten, denn das ihnen Wichtigste, nämlich ausreichend Kontakt zum Kind, könnte dann auch so gesichert sein.

Ein weiteres familienrechtliches Dauerproblem sind die Unterhaltszahlungen. Ein Bericht des MDR von September 2023 hält fest:

> „Etwa die Hälfte aller Alleinerziehenden erhält laut Deutschem Jugendinstitut keinen Cent Unterhalt vom anderen Elternteil. Weitere 25 Prozent bekommen weniger, als ihnen eigentlich zusteht. In solchen Fällen springt der Staat mit dem sogenannten Unterhaltsvorschuss ein.“

Vorschuss bedeutet, dass der Staat sich das Geld von den Unterhaltspflichtigen wiederholen will. Aber das klappt sehr oft nicht. Der MDR weiter:

> „Laut Zahlen des Bundesfamilienministeriums zahlte der Staat im Jahr 2022 an Unterhaltsvorschuss 2,5 Milliarden Euro. Zurückgeholt hat er sich aber nur 493 Millionen Euro.“

Dafür gibt es verschiedene Gründe. Einer davon: Einige Unterhaltspflichtige rechnen sich in dieser Angelegenheit arm, melden ihren Wohnsitz ab oder flüchten sogar ins Ausland. Das könnte an einer generellen Unzufriedenheit mit ihrer Lage, beziehungsweise ihrer Beziehung zu ihrem Kind liegen. Ich gehe davon aus, dass in Deutschland die allermeisten Menschen, die ein Kind zeugen, das freiwillig tun, und dass die meisten von ihnen es dann auch lieben. Wer auch nach der Elterntrennung noch eine akzeptable Beziehung zu seinem Kind leben kann, wird viel weniger geneigt sein, ihm Geld vorzuenthalten. Die Verhinderung von Kontaktabbrüchen könnte also auch einen finanziellen Gewinn für viele Kinder und den Staat mit sich bringen.

Selbstverständlich hat der Fokus auf Eltern-Kind-Trennungen nicht nur einen sozusagen strategischen, sondern auch einen menschenrechtlichen Grund. Kinder haben ein Grundrecht auf häufige Kontakte mit beiden Eltern, wenn sie zu ihnen eine akzeptable Beziehung aufgebaut haben. Dabei interessieren sie formale Statusfragen nicht: verheiratet, getrennt, geschieden, sorgeberechtigt, unterhaltsverpflichtet – das ist für die Qualität der Beziehung zum Kind nicht entscheidend. Aus der Kindesperspektive ist also nicht eine formale Elterntrennung das Problem, sondern die daraus eventuell erwachsende Bedrohung ihrer Kontakte zu beiden Eltern, die mit steigender räumlicher Entfernung zwischen den Eltern wächst. Für die Kinder hat nicht Priorität, wer wie viel Unterhalt zahlt und wer die elterliche Sorge hat – also zwei der Hauptstreitpunkte zwischen Trennungseltern –, sondern dass sie mit beiden Eltern ausreichend Kontakt haben, um ihre Beziehung zu erhalten und auszubauen. Daraus ergibt sich für sie ein grundrechtlicher Anspruch, den die Familiengerichtsbarkeit ganz obenan setzen muss, denn ihr primärer Auftrag ist die Wahrung des Kindeswohls. Dieser eigene Anspruch des Kindes wird in Deutschland noch nicht sehr lange juristisch anerkannt, wie ich zeigen werde. Und in der juristischen Praxis wird er noch immer sehr oft nicht wirklich beherzigt.

2. Ausprägungen des Trennungsirrsinns

2.1 Mein Papa kommt nur, wenn ihm jemand einen Schlafplatz besorgt

Das Projekt *Kindwärts* schildert in seinem Internetauftritt den Beginn seiner Entstehungsgeschichte so:

> „2008 vertraute sich der kleine Sven aus München mit seiner Bedürftigkeit und seinem Trennungsschmerz der Religionspädagogin Annette Habert an. Sein Vater schliefe im Auto, wenn er am Umgangswochenende von weit her anreise. Die Kosten für die Übernachtung könne er sich nicht leisten."

Acht Jahre alt war Sven damals. Seine Religionslehrerin hatte der Schulklasse gesagt: Wer ein dauerhaftes Problem hat, könne mit ihr darüber reden. Svens dauerhaftes Problem war, dass sein Vater nur in der warmen Jahreszeit zu Besuch kam, denn bei Kälte wollte er nicht im Auto schlafen. Also sahen sich die beiden weite Teile des Jahres nicht.

Wer vom deutschen Familienrecht nicht viel Ahnung hat, denkt angesichts dieser Geschichte vielleicht so etwas wie: „Blöd, zu so einer Situation sollte es eigentlich nicht kommen, das muss ein Sonderfall sein. Es kann ja sein, dass der Vater eine Mitschuld an dieser Konstellation hatte. Schließlich ist es keine vernünftige Lösung, und kann somit nicht vom Staat gewollt sein, dass ein Vater nicht realistisch das ganze Jahr über sein Kind treffen kann – umso weniger, wenn dieses Kind ihn gerne sehen würde, aber zu jung für selbstständige Reisen ist."

Wie genau Annette Habert darüber dachte, weiß ich nicht, aber sie beschloss, Sven zu helfen. Sie fand in ihrem persönlichen Umfeld jemanden, der dem Vater für die Besuchstage einen Schlafplatz anbot. Dann stellte sie fest, dass sie auf ein strukturelles Problem gestoßen war, und gründete die gemeinnützige GmbH Flechtwerk, die dieses Modell der Schlafplatzvermittlung bundesweit ausdehnte. Das Projekt erhielt den Namen: *Mein Papa kommt.* Natürlich war es nicht nur für Väter bestimmt, aber in der Regel waren und sind es Väter, die von ihren Kindern mehr oder weniger stark getrennt werden und dann Probleme haben, die Treffen mit ihnen zu bewerkstelligen.

Seit 2024 wird das zwischenzeitlich von Stiftungen unterstützte Projekt unter dem Namen *Kindwärts* von der gemeinnützigen GmbH Wellcome (die auch andere Dienstleistungen für Familien anbietet) geführt. Jeder kann sich dort anmelden und einen kostenlosen Schlafplatz zur Verfügung stellen. Dabei wird abgefragt, ob das Kind mit in die Wohnung darf, eventuell sogar zum Übernachten. Wie wichtig das sein kann, hat Annette Habert im September 2024 in einem Interview mit dem *Deutschlandfunk* ausgeführt:

> „Wir hatten die erste Zeit nur diese Schlafplätze, und dann aber natürlich auch den Bedarf dieser Eltern erfahren: Wir brauchen einen Raum, wo wir tagsüber hinkönnen. Ich hab die damals gefragt: Wo geht ihr denn bisher hin? Da hat mir ein Vater gesagt: ‘Naja, ich gehe in Berlin-Kreuzberg Sonntagfrüh in den Waschsalon mit dem Neugeborenen. Da ist offen, da ist es warm, da ist es sauber, ich muss nichts bezahlen – da kann ich mit dem Kind spielen. Der Umgang ist verordnet auf Sonntagfrüh um halb neun – da schläft Berlin. Wo gehe ich sonst hin?’ Da ist es natürlich ein großes Geschenk, wenn man sagen kann: Da ist der Platz, wo das Kind erlebt: Mein Papa ist nicht heimatlos. Das ist das große Geschenk für die Kinder.“

Die Eltern, die das Angebot in Anspruch nehmen, müssen für die Vermittlung Geld an Wellcome zahlen und dürfen dann auch an monatlichen Online-Gesprächen mit anderen Eltern teilnehmen. Für einen Aufpreis bietet das Unternehmen Beratung per Internet an, die von ehrenamtlichen Fachleuten geleistet wird, wie Habert im Deutschlandfunk sagte. 2024 hat es nach eigenen Angaben 340 Mitgliedern mit 492 Kindern 4920 Besuche ermöglicht. Rund 2000 Gastgebende seien registriert.

Hier hat also die Gesellschaft ein Problem angegangen, das der Staat geschaffen hat und aufrechterhält. Soziales Denken hat dazu geführt, zu sagen: So etwas darf einfach nicht sein, also suche ich einen Weg, es zu verhindern. Denn es ist leider schon immer traurige Realität in Deutschland, dass bei vielen Paartrennungen selbst die zuständigen Gerichte keine Lösungen im Sinne der betroffenen Kinder finden, sondern den weitgehenden oder sogar kompletten Kontaktabbruch zu einem Elternteil akzeptieren. Das kommt daher, dass sie den Elternteil, der mit dem Kind wegzieht, meistens nicht in der Verantwortung sehen, einen Weg zu suchen, wie dem anderen Elternteil der Kontakt zum Kind realistisch ermöglicht wird. Eine gesetzliche Grundlage für diese Haltung gibt es nicht – die Familiengerichte haben sich einfach darauf geeinigt, es so zu handhaben.

Besonders bemerkenswert finde ich an der Entstehungsgeschichte von *Kindwärts*, dass sie mit der Initiative eines Achtjährigen begann. Kinder gewöhnen sich früher oder später eigentlich an alles. Gerade in jungen Jahren können sie bei vielen Dingen kaum einen Maßstab haben, sie können ihre Probleme schlecht mit der Situation anderer vergleichen, und wenn doch, sind sie psychisch abhängig von der Einschätzung der Erwachsenen, denen sie zwangsläufig vertrauen. Negativ ausgedrückt: Kleine Kinder werden ständig mehr oder weniger manipuliert. Auch Sven wird irgendeine Erklärung – besser gesagt: Ausrede – dafür erhalten haben, dass er seinen Vater wiederholt lange Zeit nicht sah. Und doch wollte er sich nicht mit seiner Situation abfinden.

Zum Vergleich: Ich glaube, dass kaum ein Achtjähriger, dessen Vater gestorben ist, zu seiner Religionslehrerin sagen würde: „Kannst du mit Gott sprechen, dass er meinen Papa wieder lebendig macht?" Kinder in diesem Alter können verstehen, was Tod bedeutet, und dass da nichts zu machen ist. Sven wusste, dass sein Fall anders lag. Dass da sehr wohl etwas zu machen war. Er dachte sozusagen: Das kann nicht sein, denn es darf eigentlich nicht sein, und vielleicht können Erwachsene dieses Problem lösen.

In der deutschen Familiengerichtsbarkeit arbeiten sehr viele Menschen, die dieses intellektuelle Niveau nicht erreichen.

2.2 Die verfassungsfeindliche Behandlung von Umzugskonflikten am Beispiel der Familie Fritz

Wenn wir vom Ausleben elterlicher Konflikte im Angesicht der Kinder absehen, ist ein Umzugskonflikt mit das Schlimmste, was Kindern bei einer Elterntrennung droht. Es wird viel über Trennungskinder und ihre Belastungen geredet, aber genau genommen muss die Paartrennung an sich nicht sehr belastend für sie sein.

Ein Baby weiß sowieso nicht bewusst etwas davon, und auch ältere Kleinkinder kriegen die Trennung eventuell kaum mit, finden sich jedenfalls zukünftig damit zurecht, dass ihre beiden (idealerweise) wichtigsten Bezugspersonen nicht in derselben Wohnung leben. Kinder in der Pubertät, beziehungsweise Jugendliche haben eventuell sowieso schon die elterlichen Probleme miteinander zumindest unterschwellig mitbekommen und könnten sich dann mit dem kleineren Übel anfreunden, dass nach einer Trennung wenigstens bei allen Beteiligten mehr Ruhe einkehrt.

Stellen wir uns zudem der Einfachheit halber den seltenen Fall vor, dass der aus der gemeinsamen Wohnung ausziehende Elternteil im selben Haus eine Wohnung bezieht. Kinder verschiedenen Alters, und auch Jugendliche könnten sich dann darüber freuen, dass es nun ein (paar) Zimmer mehr für sie gibt, dass sie mal eben ohne Schuhe in die andere Wohnung laufen können und somit das Treppenhaus quasi den Raum zum Spielen erweitert, und dass sie bei Stress mit einem Elternteil ganz schnell und einfach räumliche Distanz zu ihm schaffen können, indem sie in die andere Wohnung gehen. Bei welchem Elternteil sie lieber den Tag oder die Nacht verbringen, können sie dann auch mal spontan entscheiden, falls die Eltern insoweit Rücksicht auf sie nehmen.

Mit das Schlimmste an der Elterntrennung ist für die Kinder also die räumliche Trennung, und umso schlimmer, je größer sie ausfällt. Leben beide Eltern im selben Viertel oder Dorf, kann den Kindern der Sozialraum erhalten bleiben, den sie gewohnt sind, und auch da könnten sie mal spontan entscheiden, in welches ihrer beiden Zuhause sie gehen. Die Pendelei über größere Entfernungen hingegen ist nicht nur nervig und erfordert eine eher starre Regelung (weil Abweichungen Flexibilität der Eltern erfordern, die ja bis zu einem gewissen Alter der Kinder die Wege mitmachen müssen), sondern verhindert sogar ein normales

Aufwachsen, weil die Kinder im vorherrschenden Modell, jedes zweite Wochenende zum anderen Elternteil zu fahren, bei ihren regelmäßigen Freizeitbeschäftigungen massiv beschnitten sind. Wer zum Beispiel ein besonderes sportliches oder musikalisches Talent zeigt, aber seine ganze Kindheit über jedes zweite Wochenende seinen Wohnort verlassen muss, kann dieses Talent kaum zu einer Betätigung auf Spitzenniveau ausnutzen, denn die dazugehörigen Veranstaltungen werden überwiegend an den Wochenenden sein.

Empirische Daten zum Zusammenhang von Beziehungsqualität und räumlicher Entfernung können der bereits erwähnten repräsentativen Erhebung AIDA des DJI von 2019 entnommen werden. So hielt ein DJI-Team 2022 im Fachmagazin *Social Sciences* fest: Wenn die Eltern in unterschiedlichen Städten wohnen, steigt die Wahrscheinlichkeit, dass die Kinder bei der Mutter wohnen und keinen oder nur wenig Kontakt zum Vater haben. Logischerweise sinkt in diesen Fällen auch der Anteil der Familien, wo die Eltern sich die Kinderbetreuung annähernd hälftig aufteilen (jeder Elternteil mindestens 40 Prozent der Zeit). Auf Basis derselben Erhebung ist im Familienbericht der Bundesregierung von 2025 zu lesen, dass ein Viertel aller Trennungseltern mindestens eine Stunde Fahrt voneinander entfernt lebt. Da überrascht es nicht, dass über 20 Prozent der Kinder den Kontakt zu einem Elternteil komplett verlieren.

Die ebenfalls bereits erwähnte Studie „Getrennt gemeinsam erziehen" des Umfrageinstituts Allensbach im Auftrag des Bundesjustizministeriums von 2017 erbrachte folgende dazu passende Zahlen: 11 Prozent aller Trennungseltern lebten mehr als 300 Kilometer weit auseinander, weitere 8 Prozent mehr als 100 Kilometer, und weitere 8 Prozent mehr als 50 Kilometer.

Besonders heikel und kindesrelevant sind in familienrechtlichen Streitigkeiten also Umzugskonflikte. Doch die Angehörigen der dafür zuständigen Berufe berücksichtigen das nicht, wie schon der traurige Umstand zeigt, dass eine Internetsuche zu „Umzugskonflikt" keinen einzigen Eintrag aus dem Bereich Familienrecht erbringt.

Wie krass und verfassungsfeindlich die Familiengerichtsbarkeit mit diesem Thema umgeht, veranschaulicht der Fall der Familie Fritz aus Tuttlingen in der Nähe des Bodensees. Rolf Fritz hat 2024 die entscheidenden Gerichtsbeschlüsse ungeschwärzt ins Internet gestellt und biografische Schilderungen hinzugefügt. Ich beziehe mich im Folgenden fast nur auf die Gerichtsdokumente, da das Drumherum kaum relevant und zudem von mir kaum zu recherchieren ist. Veröffentlicht hat Fritz einen Amtsgerichtsbeschluss und den darauf aufbauenden Oberlandesgerichtsbeschluss sowie einen Bericht des Verfahrensbeistands ans Amtsgericht (AG), alle aus dem Sommer 2018.

Der Verfahrensbeistand ist eine freiberuflich tätige Person, die vom Gericht bestellt wird, um die Interessen des Kindes zu ermitteln und im Gerichtsverfahren zur Geltung zu bringen. Dieser Auftrag ist gesetzlich festgehalten in § 158 des Gesetzes über das Verfahren in Familiensachen und in den Angelegenheiten der freiwilligen Gerichtsbarkeit. Dieses Gesetz mit seinem sperrigen Namen wird immer abgekürzt als FamFG.

Rolf Fritz ist Jahrgang 1956 und hat schon ein erwachsenes Kind, als er 2008 eine Frau aus den USA heiratet, die dann zu ihm zieht. 2012 und 2014 bekommen die beiden Kinder. Der Vater ist nach eigener Aussage zu dieser Zeit extrem glücklich.

Im Dezember 2017 kommt die mit ihrem Leben in Deutschland immer unzufriedenere Ehefrau nicht mit den Kindern von einem eigentlich auf zweieinhalb Monate angesetzten Familienbesuch in den USA zurück. Im Februar 2018 schaltet Rolf Fritz das Familiengericht wegen Kindesentziehung ein und fliegt nach eigener Aussage selbst in die USA, wo er seiner Familie begegnet und von der Frau die Zusage bekommt, sie werde bald zurückkehren.

Das tut sie erst im April, als sie in die Nähe von Stuttgart zu ihrer Schwester zieht, also relativ weit weg vom Bodensee. Der Ehemann will eine gütliche Einigung und lässt das Gerichtsverfahren ruhen. Sie hingegen beantragt bei Gericht das alleinige Aufenthaltsbestimmungsrecht für die Kinder. Verheiratete Eltern haben automatisch die gemeinsame elterliche Sorge, die das Aufenthaltsbestimmungsrecht umfasst. Die Mutter machte sich mit der Kindesentziehung strafbar. Ein Gericht kann aber einem Elternteil das alleinige Aufenthaltsbestimmungsrecht zusprechen. Dann behält der andere Elternteil zwar noch den Rest der gemeinsamen elterlichen Sorge und muss bei anderen Entscheidungen für die Kinder gefragt werden (vor allem Schulwahl und größere medizinische Behandlungen), aber nicht hinsichtlich ihres Lebensortes.

Im Juli 2018 spricht das Amtsgericht Tuttlingen der Frau – auch auf Anraten des Jugendamts und des Verfahrensbeistands der Kinder – das alleinige Aufenthaltsbestimmungsrecht zu, zwei Wochen später bestätigt das Oberlandesgericht (OLG) Stuttgart ohne Anhörung die Entscheidung. Ein Fachgutachten zur familiären Situation und den Motivationen der Eltern gibt es nicht, und der zweite Gerichtsbeschluss ist unanfechtbar (außer mit einer Verfassungsbeschwerde, aber die werden vom Bundesverfassungsgericht fast nie angenommen).

Die Frau reist mit den Kindern kurz darauf in die USA und reicht dort die Scheidung ein. Eine Umgangsregelung für den Vater und die Kinder, also wann und wo sie miteinander Zeit verbringen können, gibt es nicht.

Der Fall verkompliziert sich in der Folge mehrfach. Das Ergebnis ist jedenfalls laut dem verzweifelten Vater, dass er außer während ein paar Wochen im Jahr 2020 seine Kinder nicht mehr getroffen hat, Stand Herbst 2024.

Die Gerichtsdokumente, die die Familientragödie herbeigeführt haben, lassen an Deutlichkeit nichts zu wünschen übrig – zumindest was die übliche Denkweise des familiengerichtlichen Trios Gericht, Jugendamt und Verfahrensbeistand angeht. Die allermeisten anderen Menschen auf dem Planeten hingegen werden an diese Dokumente fundamentale Fragen stellen.

Erster Akt des Dramas: der Bericht des Verfahrensbeistands vom 26. Juni 2018. Demzufolge war Frau Fritz im Unternehmen ihres Ehemannes angestellt gewesen, aber auch kurz in Freiburg, und hatte eine Zeit lang ein Praktikum im nahen Zürich gemacht. Psychisch ging es ihr irgendwann schlecht, im Bericht wird aber kein Grund dafür genannt. Er hält nur fest, dass ihr Berufsabschluss Audiologin in Deutschland nicht anerkannt ist, ohne das als die Ursache für ihr Unwohlsein zu benennen. Jedenfalls will sie nun in den USA leben. Die Gründe? „Wunsch nach finanzieller Unabhängigkeit“; „die Arbeit fehlte ihr.“ Na gut, aber da sind zwei kleine Kinder. Was bedeutet das Ganze für die? „Eine unglückliche Mutter ist dem Kindeswohl grundsätzlich nicht dienlich.“ Die Eltern haben schon darüber gesprochen, wie die Kinder nach dem Umzug Kontakt zum Vater haben könnten. Anscheinend kann er sich damit anfreunden, hin und wieder in die USA zu fliegen und die Beiden jeden Juni und Juli bei sich zu haben. „Jährlich zwei Monate in

Deutschland zu verbringen, birgt viele Chancen. Die Kinder verblieben im engen Kontakt", ist im Bericht zu lesen. Der Verfahrensbeistand lobt die Eltern sehr – sie gehen freundlich miteinander um, trotz der Eskalationen der Mutter durch die Kindesentziehung und den Umzugswunsch.

Die Kinder sind in einem Haushalt mit beiden Eltern aufgewachsen, der Vater hat sich in normalem Ausmaß um sie gekümmert, er hat eine gute Bindung zu ihnen und wird in dieser Hinsicht als umfassend kompetent eingeschätzt – und dennoch bezeichnet es der Verfahrensbeistand als engen Kontakt, wenn er sie im Lauf eines Jahres nur ein paar Mal in den USA besuchen kann und zwei Monate am Stück zu Hause bei sich hat. Entscheidend ist das subjektive Unglück der Mutter. Als ob es nicht eine der primären Aufgaben für alle Eltern wäre, ein Unwohlsein ohne Beeinträchtigung der Kinder zu verarbeiten.

Es wäre ein interessantes Experiment, dass jemand bei einem drohenden Verlust des Arbeitsplatzes seine Vorgesetzten darauf hinweist, dass er dann unglücklich wäre, und das ja dem Wohl seiner Kinder grundsätzlich nicht dienlich sei. Und dass er dann deswegen vor Gericht gehen würde. Am besten vor ein Familiengericht, das hat sowas gar nicht gerne.

Zweiter Akt wenige Wochen später im Amtsgericht Tuttlingen. Das Gericht meint, „dass die Kindesmutter in Deutschland keine berufliche Perspektive hat". Sie spricht auch „nur eingeschränkt" Deutsch. Also verständlich, dass sie zurück in die USA will. „Mangels Einvernehmen der Eltern" muss das Gericht nun entscheiden, wo die Kinder leben sollen. „Insbesondere aufgrund des geringen Alters" des dreijährigen jüngsten Kindes erscheint ihm die Betreuung durch die Mutter als „dem Kindeswohl eher entsprechend". Es hält ihr zugute: „Gegen die Erziehungseignung der Mutter bestehen keine Bedenken." Sie „zeigte zudem ausgeprägte Bindungstoleranz, indem sie nach wie vor großzügige Umgänge des Kindesvaters mit den Kindern befürwortet".

Bindungstoleranz ist ein wichtiger Begriff im Kindschaftsrecht. Er bedeutet, dass ein Elternteil damit klarkommt, dass die Kinder ihre Bindung zum anderen Elternteil bewahren, also durch regelmäßige Kontakte pflegen. Bindungsintoleranz kann der entscheidende Grund dafür sein, jemandem die elterliche Sorge zu entziehen, denn das daraus folgende Verhalten kann verheerende Konsequenzen für das Kind haben, bis hin zum Kontaktabbruch zum anderen Elternteil. Der zitierte

Satz ist aber unlogisch. Abgesehen von der Verlogenheit, das erwähnte Ausmaß an für die Zukunft angedachten Kontakten zum Vater als großzügig zu bezeichnen – die Bindungstoleranz wird dort daraus geschlossen, dass die Mutter etwas befürwortet. Etwas zu befürworten bedeutet nicht mehr, als etwas gesagt zu haben. Daraus kann nicht eine persönliche Einstellung gefolgert werden, schon gar keine „ausgeprägte". Der Betreffende kann gelogen haben oder es sich später anders überlegen. Bindungstoleranz zeigt sich in einem über einen längeren Zeitraum feststellbaren Verhalten. Frau Fritz hatte klar geäußert, dass die Kinder in den USA leben sollen, und somit ohne ihren Vater, der klar gemacht hatte, dass selbst wenn er wollte, er sein Unternehmen nicht binnen weniger Monate auflösen könnte. Und sie war erst drei Monate vor dem Gerichtsbeschluss von einem USA-Aufenthalt mit den Kindern zurückgekommen, der zweieinhalb Monate dauern sollte, den sie aber eigenmächtig auf volle sieben Monate ausdehnte, ohne den Vater dorthin einzuladen. Und trotz alledem bestehen noch nicht einmal Bedenken hinsichtlich ihrer Erziehungseignung? Die Deutlichkeit der Wortwahl in diesem Gerichtsbeschluss ist zusätzlich erschütternd. Es gibt kein Wort der Kritik, nicht den kleinsten Zweifel an der Mutter. Das Gericht hätte seiner kinderfeindlichen Logik – den Grundrechten der Mutter wurden die der Kinder nicht gegenübergestellt -- folgen können, aber dabei wenigstens die sich aufdrängenden Bedenken bezüglich der Mutter festhalten können.

Noch deutlicher wird es im dritten Akt am Oberlandesgericht Stuttgart. Das weist am 3. August 2018 ohne Anhörung den Eilantrag von Rolf Fritz zurück, seiner Ehefrau zu verbieten, vor der Entscheidung über seine Beschwerde gegen den Sorgerechtsbeschluss Deutschland zu verlassen. Die Anfechtung des Amtsgerichtsbeschlusses habe keine Aussicht auf Erfolg, also dürfe es auch keine einstweilige Verfügung gegen die Mutter geben, meint das Gericht. Zu ihr hält es kaltschnäuzig fest: „Sie geht davon aus, dass die Veränderung des Aufenthalts dem Kindeswohl entspreche." Schließlich will die Mutter umziehen, und da sie die „Hauptbezugsperson" ist, wird durch den Lebensmittelpunkt der Kinder bei ihr dem „Grundsatz der Erziehungskontinuität" Rechnung getragen. Das OLG führt aus:

> „Beabsichtigt ein Elternteil auszuwandern, bestimmt die allgemeine Handlungsfreiheit des auswanderungswilligen Elternteils

> die Ausgangslage für die vorzunehmende Abwägung. Denn für die Beurteilung des Kindeswohls und die Abwägung der beiderseitigen Elternrechte ist nicht davon auszugehen, dass der Elternteil mit dem Kind im Inland verbleibt, selbst wenn diese Möglichkeit mit dem Kindeswohl am besten zu vereinbaren wäre. Tatsächlicher Ausgangspunkt muss vielmehr sein, dass der Elternteil seinen Auswanderungswunsch in die Tat umsetzt (BGH FamRZ 2010, 1060 Rn.22)."

Das Kürzel in der Klammer verweist auf einen Beschluss des Bundesgerichtshofs von 2010, der im Internet zu finden ist. Das OLG wird dankenswerterweise noch deutlicher:

> „Die Motive des Elternteils für seinen Auswanderungsentschluss stehen grundsätzlich nicht zur Überprüfung des Familiengerichts. Es kommt nicht darauf an, ob der Elternteil triftige Gründe anführen kann."

Soweit die vom Gericht angeführte vermeintliche Rechtsgrundlage. Zum konkreten Fall behauptet es: „Die Kindesmutter verfolgt mit dem Umzug ganz offensichtlich nicht etwa den Zweck, den Kontakt zwischen den Kindern und dem Vater zu vereiteln." Und: Es „besteht nicht die Gefahr einer Entfremdung der Kinder von ihrem Vater".

Schon die Behauptung, die Mutter sei die Hauptbezugsperson der Kinder, offenbart das kinderfeindliche Denken des Gerichts. Es ist ein quantitativ orientiertes Denken, während die Kinder nicht anders als qualitativ denken können. Die Mutter hat mehr Zeit mit den Kindern verbracht, die haben aber ihr ganzes Leben lang mit beiden Eltern in einem Haushalt gelebt und zu beiden eine tiefe Bindung, also eine bestimmte Beziehungsqualität aufgebaut. Selbst wenn sie die Bedeutung des Wortes „Hauptbezugsperson" verstünden, würden sie ihre Mutter nicht als solche bezeichnen. Ein Kind, das von Beginn an nur wenig Zeit mit seinem Vater verbracht hat, würde vielleicht keinen großen Unterschied empfinden, wenn es statt, sagen wir, jedes zweite Wochenende nur ein paar mal im Jahr für jeweils ein paar Wochen und einmal für zwei Monate bei ihm wäre. Eventuell hat es zu einem Großelternteil mütterlicherseits eine tiefere Bindung aufgebaut als zum Vater, den es nur als Zusatz ansieht. Derartiges lag hier aber nicht vor. Diese Kinder hatten zwei Hauptbezugspersonen, denn sie zählten nicht die Stunden, die sie mit jeder von ihnen verbracht hatten, sondern sie empfanden eine bestimmte Beziehungsqualität zu beiden von ihnen. Daran ändert es nichts, wenn ein Elternteil sie durch Zureden und räumliche Trennung dazu bringt, ohne den anderen Elternteil leben zu können. Die Beziehungsqualität zu letzterem ist erst mal ein Fakt. Und wenn Rolf Fritz seine Kinder den mit Abstand größten Teil des Jahrs fast gar nicht sieht, ist es auch mit der vom Gericht angeführten Erziehungskontinuität vorbei, denn die Kinder sind die Erziehung durch beide Eltern gewohnt.

Und auch dieses Gericht versteigt sich zu Tatsachenbehauptungen, die es unmöglich begründen, geschweige denn belegen kann. Es äußert keinerlei Befürchtung, dass der Kontakt der Kinder zum Vater verlorengehen könnte, sondern meint, im Gegenteil, es sei ganz offensichtlich, dass die Mutter das nicht anstrebt. Das hat nur deren entsprechende Äußerungen als Grundlage.

Am erschütterndsten ist an diesem Beschluss, wie klar darin den Kindern ihre verfassungsmäßigen Grundrechte abgesprochen werden. Selbst wenn es zu ihrem Wohl am besten wäre, dass die Mutter in Deutschland bleibt, was offensichtlich der Fall ist, spielt das keine Rolle. Grundlos wird behauptet, es komme nicht in Betracht, dass die Mutter in Deutschland bleibt. Dieses Gericht kennt nur „Elternrechte" und das „Kindeswohl" – von Kinderrechten ist nicht die Rede. Das zeigt, dass das viel zitierte Kindeswohl – offiziell ist es der Hauptexistenzzweck der Familiengerichte – nicht von den Kindern her gedacht wird, sondern nur in Abhängigkeit von den elterlichen Freiheiten. Und für die Ausnutzung von Freiheiten muss niemand „triftige Gründe" angeben.

Zusammengefasst: Da ist eine Mutter, die finanziell versorgt ist, sogar ein eigenes kleines Einkommen durch die Anstellung im Unternehmen ihres Ehemannes hat. Ihm zufolge hat sie sogar Potenzial, sich in der nahen Schweiz gemäß ihrer Ausbildung beruflich weiterzuentwickeln. Die Kinder wachsen glücklich mit beiden Eltern in deren Haus auf, zum Kindergarten können sie zu Fuß gehen. Von elterlichen Konflikten vor dem Äußern des Umzugswunsches durch die Mutter berichten die Gerichte nicht, ebenso wenig von Defiziten des Vaters. Das alles gilt aber nichts, wenn die Mutter zur stärkeren oder einfacheren Auslebung ihres erlernten Berufs – oder warum auch immer, die Gründe spielen ja keine Rolle – in die USA umziehen will.

Das ist eine kapitalistische Prägung des Familienrechts. Hier regiert die persönliche Freiheit zur finanziellen Nutzenmaximierung. Zum Vergleich: Im Grundgesetz ist die Garantie des privaten Eigentums mit einer sogenannten Sozialbindung verbunden. Dazu gibt es sogar einen eigenen Wikipedia-Eintrag. Er beginnt mit den Worten:

> „Die Sozialpflichtigkeit des Eigentums (auch Sozialbindung des Eigentums) bezeichnet in Deutschland einen rechts- und sozialphilosophischen Grundsatz."

Zum Beispiel kann, wer eine Wohnung vermietet, zwar prinzipiell Eigenbedarf anmelden und die Kündigung aussprechen. Allerdings wird das nicht unbedingt vor Gericht Erfolg haben, wenn er einen Menschen rauswerfen will, der erstens nachweislich keinen adäquaten Ersatzwohnraum findet, und der zweitens besonders schutzbedürftig ist, etwa wegen hohem Alter oder Krankheit. Das OLG Stuttgart – und mit ihm wahrscheinlich die meisten, wenn nicht alle deutschen Familiengerichte – sieht hingegen keine kindesbezogene Sozialbindung der vom ihm angeführten „allgemeinen Handlungsfreiheit" der Eltern.

Die von den Gerichten im Fall Fritz geschaffene Situation sah im Sommer 2018 also so aus: Die Mutter verzog mit den Kindern, ohne dass es eine Regelung für deren Kontakte mit dem Vater gab. Schon bei innerdeutschen Umzügen dieser Art kommt es oft zu Kontaktabbrüchen, das ist ein Dauerthema für Familiengerichte. Dabei spielt auch die Beeinflussung der Kinder durch das Elternteil, bei dem sie leben, eine große Rolle. Bei der immensen Distanz zwischen den USA und Deutschland ist all das besonders heikel, da der in Deutschland verbleibende Elternteil sehr schlecht etwas gegen Kontaktverweigerung und negative Beeinflussung der Kinder, beziehungsweise die so drohende Entfremdung der Kinder von ihm unternehmen kann. Heikel war die Lage zudem, da die Mutter gezeigt hatte, dass sie in der Lage war, die Kinder monatelang unabgesprochen vom Vater zu trennen. Noch heikler wurde es dadurch, dass sie dafür nicht einmal eine Strafe bekam. Zudem drängen sich hier weitere Bedenken auf: Was ist, wenn einer der wenigen in Aussicht stehenden Kontaktzeiträume pro Jahr nicht zustande kommt, etwa wegen Krankheit? Rolf Fritz war im Sommer 2018 schon über 60 Jahre alt. Was ist, wenn er wenige Jahre später nicht mehr bei guter Gesundheit ist? Wie einfach kann er einen Besuch verschieben, auch angesichts seiner beruflichen Tätigkeit? Wie leicht können alle Beteiligten sich auf einen Ersatzzeitraum einigen? Wie oft und wie einfach kann er wiederholt ein Visum für die USA bekommen, wenn er mehrmals pro Jahr hin will? Und wie soll eigentlich die Kinderbetreuung jeden Juni und Juli gewährleistet sein, wenn die Kinder in Deutschland nicht zur Schule gehen, beziehungsweise keinen Kindergartenplatz haben? Soll der Vater dann zwei Monate lang nicht seinem Beruf nachgehen, um die Kinder zu betreuen? Das wäre angesichts des Vorrangs der beruflichen Karrierewünsche der Mutter vor allem anderen der Gipfel der Absurdität.

Wie gesagt, es kam zum jahrelangen Kontaktabbruch, und die Gründe dafür sind schwierig zu recherchieren und hier unwichtig. Aber die Darstellung von Rolf Fritz im Internet zeigt, was schiefgehen kann: Zunächst verweigerte die Mutter den Kontakt zu den Kindern; als sie 2020 endlich beim Vater waren, erschwerte erstens der globale Corona-Irrsinn alles, und zweitens behauptete die Mutter, der Vater wolle die Kinder nicht zurückbringen, kam selbst nach Deutschland, sorgte für Streit und erreichte einen anderthalbjährigen Umgangsausschluss (Kontaktverbot zu den Kindern) für den Vater; dann hatte Rolf Fritz ein Problem mit dem Visum, das er auf illegale Weise lösen wollte, so dass er nun ein Einreiseverbot in die USA hat; die deutschen Gerichte ließen sich wiederholt sehr viel Zeit bei der Bearbeitung von Anträgen; und zudem gab es ein jahrelanges Hin und Her bezüglich der Zuständigkeit zwischen der deutschen und der US-amerikanischen Gerichtsbarkeit.

Unabhängig davon, wie zutreffend und vollständig diese Schilderungen sind – unrealistisch sind sie nicht. Sie zeigen die Dummdreistigkeit des OLG Stuttgart auf, das verkündete, die Mutter wolle „ganz offensichtlich“ nicht den Kontaktabbruch für die Kinder, und eine Entfremdung vom Vater drohe nicht. In Wirklichkeit bestanden aus mehreren Gründen genau diese Gefahren.

Und was die Gerichte offenbar gar nicht zu berücksichtigen in der Lage sind, weil es ihrem Berufsverständnis fremd ist, in dem für die Konsequenzen ihrer Beschlüsse für die Betroffenen wenig Platz ist: Wenn sie so einen Umzugskonflikt zementieren, treiben sie das massiv geschädigte Elternteil in eine totale psychische Ausnahmesituation. Dazu gehört auch große Scham – und damit vielleicht ein sozialer Rückzug –, schließlich wird jemand als Elternteil faktisch aufs Abstellgleis gestellt, quasi entmündigt. Ich selbst hätte bis zu dieser Recherche nicht gedacht, dass der Staat jemandem faktisch die Kinder wegnehmen darf, ohne dem Betreffenden irgendeinen Vorwurf zu machen. Ich hätte gedacht, dass Rolf Fritz schon irgendeinen Anlass dazu gegeben haben wird. Jedenfalls kann niemand wissen, wie der Betroffene darauf reagiert. Fritz griff irgendwann zu einer illegalen Maßnahme, die alles noch verschlimmert hat. Andere Betroffene kommen vielleicht zu dem Schluss, dass sie nun kaum noch etwas zu verlieren haben – und das sind oft die gefährlichsten Menschen.

Rolf Fritz hat nun jedenfalls auf Deutsch und Englisch einen Internetauftritt für diese Geschichte geschaffen. Da sind neben den erwähnten Gerichtsdokumenten und Berichten Familienfotos zu finden – und vor allem der Aufruf an Leute, die seine Kinder kennen könnten, sie auf diese Internetseiten und die Bemühungen ihres Vaters hinzuweisen.

--●--

Die rechtliche Grundlage für diesen ganzen Unsinn ist § 1671 BGB. Überschrift: „Übertragung der Alleinsorge bei Getrenntleben der Eltern". Demzufolge soll das Gericht auf Antrag einem Elternteil die Alleinsorge übertragen – und somit dem anderen die Sorge entziehen –, wenn „zu erwarten ist, dass die Aufhebung der gemeinsamen Sorge und die Übertragung auf den Antragsteller dem Wohl des Kindes am besten entspricht".

Der langjährige Familienrichter Jürgen Rudolph – auf den ich noch einige Male zu sprechen kommen werde – hat in seinem 2007 erschienenen Buch *Du bist mein Kind*, dafür plädiert, diese Regelung abzuschaffen. Er fand, dass die Existenz von § 1666 BGB ausreicht. Das ist einer der bedeutsamsten kindschaftsrechtlichen Paragrafen, denn er besagt, dass die elterliche Sorge entzogen werden kann, wenn „das körperliche, geistige oder seelische Wohl des Kindes oder sein Vermögen gefährdet" sind. Dafür ist kein elterlicher Antrag nötig. Jeder kann eine Behörde – typischerweise Polizei oder Jugendamt – auf eine Kindesgefährdung hinweisen, und dann kann die, beziehungsweise letztendlich ein Gericht zum Schutz der Kinder gegen die Eltern vorgehen.

Der Unterschied in § 1671 ist, dass keine Kindesgefährdung vorliegen muss. Hier reicht es, wenn ein Elternteil einen Umzug ankündigt, und sagt, dass es, siehe Gesetzestext, „zu erwarten ist", dass es „am besten" ist, wenn die Kinder zukünftig bei ihm leben. Es handelt sich also um einen Kindesentziehungslegalisierungsparagrafen, der ein kleineres Übel gegenüber einem größeren bevorzugen soll. Es ist ein Elternkriegsanheizungsparagraf, denn er ermöglicht es einem Elternteil, den anderen zu entrechten, ohne dass der sich hätte etwas zu Schulden kommen lassen. Rolf Fritz wurde keinerlei Vorwurf gemacht, im Gegenteil – seine Fähigkeit zur Erziehung und Förderung seiner Kinder wurde explizit hervorgehoben. Beide Eltern seien dazu gleichermaßen in der Lage gewesen.

Richter Rudolph hält fest, dass in § 1671 „weniger das Recht des Kindes, als vielmehr überwiegend das Recht auf das Kind im Mittelpunkt steht". § 1666 hingegen handelt vom Recht der Kinder, vor Gefahren geschützt zu werden. Im Vorwort zu seinem Buch schreibt Rudolph zu Elterntrennungen:

> „Wenn dieses Ereignis nicht nur mit dem Elternkonflikt, sondern auch mit dem daraus resultierenden Loyalitätskonflikt der Kinder einhergeht, weil sie keinen Elternteil verlieren möchten, dann ist objektiv der Tatbestand der Kindesmisshandlung erfüllt, auch wenn dies subjektiv von den Eltern nicht gewollt ist. Die Sichtweise der Kinder bleibt auf der Strecke."

Dass der Fall Fritz kein Einzelfall ist, zeigt auch ein Dokumentarfilm zu Eltern-Kind-Trennungen (und juristischen Vorkehrungen dagegen) von Uta König und Gesa Berg namens *Das Kind kriegst du nicht!*, den der NDR 2012 ausstrahlte. Darin geht es unter anderem um eine (ehemalige) Hamburger Familie. Laut dem Bericht hatte die Mutter 20 Jahre lang in Deutschland gelebt, davon 19 Jahre lang verheiratet mit dem (späteren) Vater ihrer beiden Kinder. Doch dann wollte sie zurück in ihre Heimat Australien. Im Film sagt der Vater:

> „Die Richterin hat gesagt: 'Aufgrund der guten Kommunikationsmöglichkeiten können die Kinder ja mit ihrem Vater skypen. Das ist doch alles heute schon so einfach.'"

Er liest auch die seiner Ansicht nach zentrale Stelle des Gerichtsbeschlusses vor:

> „Bliebe die Kindesmutter mit den Kindern in Deutschland, müssten die Kinder mit einer Mutter zusammenleben, die eigentlich nicht in Deutschland leben möchte. Dies dürfte Einfluss auf das Kindeswohl haben. Die Kinder könnten das Gefühl haben, die Verantwortung dafür zu tragen, dass die Mutter ihr Leben nicht so gestalten kann, wie sie möchte."

Auch hier wird also ganz deutlich gesagt: Nicht die Lebensgestaltung der Kinder sei entscheidend, sondern die der Mutter, und die finde keine Grenze an irgendwelchen Kinderrechten. Nicht die Mutter habe eine Verantwortung gegenüber den Kindern, sondern der Vater gegenüber der Mutter. Nach dieser Logik hätte die Mutter auch ohne Umzugswunsch beantragen können, dass der Vater aus dem gemeinsamen Haus auszieht, schließlich mochte sie nicht mehr mit ihm zusammenleben, und wenn sie das nur aus Rücksicht auf die Kinder täte, könnten die das Gefühl bekommen, für ihr Unwohlsein verantwortlich zu sein. Nach dieser Logik haben Eltern nicht die Verantwortung, ein Unwohlsein ohne negative Folgen für die Kinder zu verarbeiten. Laut dem Fernsehbericht kommt der besonders bestürzende Umstand hinzu:

> „Die Mutter hatte gesagt, sie ginge nur nach Australien, wenn sie die Kinder mitnehmen darf. Andernfalls bliebe sie in Deutschland. Trotzdem bekam sie das Aufenthaltsbestimmungsrecht."

Das Gericht hätte also einfach sagen können: Dann ist ja alles in Ordnung, wenn der Vater das Aufenthaltsbestimmungsrecht bekommt, denn die Mutter kann die Scheidung einreichen, bleibt aber in der Nähe. Stattdessen verzog die Mutter laut dem Vater auch noch unangekündigt, so dass weder er noch seine Mutter sich von den Kindern verabschieden konnten. Nun konnte er nur noch per Internet mit ihnen sprechen, mit dem zusätzlichen Problem, dass das aufgrund der Zeitverschiebung nur vormittags in seiner Arbeitszeit ging. Übrigens erinnert die Erwähnung der Großmutter daran, dass die weggezogenen Kinder nicht nur (weitgehend) einen Elternteil und Freundschaften verlieren, sondern oft auch ein ihnen liebes größeres familiäres Umfeld, das eventuell ebenfalls mit wichtigen Beziehungen einherging.

Der Vater liest in dem Film auch aus einem Brief an seine Kinder vor. Darin schrieb er ihnen, dass sie nicht die Schuld an der Situation tragen. Er befürchtet nämlich, dass sie sich irgendwie schuldig fühlen, da sie wüssten, dass dieser Umzug „nicht richtig“ war.

Ja, die Kinder können das wissen. Wie der achtjährige Sven in der Geschichte von *Kindwärts* können sie ein Gefühl dafür bekommen, dass so ein Umzug ein großes Unrecht ist. In deutschen Gerichten ist so ein Gefühl nicht weit verbreitet.

2.3 Das staatliche Nachtwächteramt für Kinder am Beispiel Braunschweig

Deutschlands Familiengerichte arbeiten nicht so, wie familienrechtliche Laien sich das vorstellen. Und wer einen bloßen Einblick ins Familienrecht, also in die Theorie hat, macht sich keine Vorstellung von der alltäglichen Praxis. Dort regieren nicht die Grundrechte, wie sie etwa im Grundgesetz festgehalten sind, sondern immer wieder Dummheit und Kindesfeindlichkeit.

Der Einblick in die Praxis ist nur schwer möglich, denn Kindschaftssachen – wie Gerichtsverfahren, in denen es um Kinder geht, genannt werden – sind nicht öffentlich. Einen indirekten Einblick geben manche beruflich Beteiligte gelegentlich in Interviews oder Büchern, wobei sie ihre Erfahrungen zusammenfassen und eventuell einige Fälle auszugsweise und anonymisiert schildern. Der direkte Einblick in die Familiengerichtspraxis ist nur möglich, wenn ein Elternteil Verfahrensakten zur Verfügung stellt.

Deshalb ist ein 88-seitiger Bericht von großem Wert, der im Oktober 2023 unter *www.erhebung-kindschaftsrecht.de* veröffentlicht wurde. Zusammengestellt wurde er von *Papa Mama Auch – Verband für Getrennterziehen* (PMA). Der kleine Verein mit – laut seinem Vorsitzenden Ulf Hofes – bundesweit nur etwas mehr als 100 Mitgliedern hatte ab Weihnachten 2022 mit acht Anzeigen in zwei Braunschweiger Lokalzeitungen nach Eltern gesucht, die ihre Gerichtsunterlagen für eine Auswertung zur Verfügung stellen wollten. 32 Meldungen gingen ein, davon vier aus anderen Gerichtsbezirken, die für die Auswertung nicht in Frage kamen, da es PMA um das Amtsgericht und das Oberlandesgericht Braunschweig ging. Ein Teil der zunächst kooperationsbereiten Eltern stellte dann nicht das nötige Material digital zur Verfügung, so dass nur 13 Fälle mit 24 betroffenen Kindern in den Bericht eingingen. Der Vereinsvorsitzende Hofes studierte rund 1150 Dateien mit insgesamt 3500 Seiten und schrieb dann auch die Zusammenfassungen für die Veröffentlichung, wie er auf meine Anfrage mitteilt. Eingereicht wurden diese Fälle von sieben Müttern, davon drei mit Kontaktabbruch zu ihren Kindern, und sechs Vätern, davon vier mit Kontaktabbruch. Mit den meisten von ihnen hat Hofes sich nach eigener Aussage auch getroffen.

Der Bericht gibt die 13 Geschichten im Wesentlichen wieder, manchmal aber stark verkürzt, um die Betroffenen nicht für die Gerichte allzu deutlich erkennbar werden zu lassen, da eine Angst vor „Ressentiments des Systems" bestehe. Bei der Kommentierung fließt familienrechtliches Vorwissen des Verbandes ein. Zusätzlich enthält der Bericht allgemeine Stellungnahmen von Fachleuten und Anregungen an alle Berufsgruppen, die an der Familiengerichtsbarkeit beteiligt sind.

Die Lektüre macht wütend. Dieser Bericht – der explizit nicht Studie genannt wird – enthält ein Horrorkabinett staatlicher Fehlleistungen im Rahmen von Familiengerichtsverfahren. Hier ist die Grundlage für ein Drehbuch für einen erschütternden Episodenfilm, in dem sich die Wege von Kindern kreuzen können, die jahrelang manipuliert und zum Großteil lange von ihren Eltern getrennt werden, ohne dass ein Sinn oder eine gesetzliche Grundlage ersichtlich ist. Da eine Sammlung solcher halbwegs detaillierten Einblicke in die Kindschaftsverfahren in einer konkreten Stadt selten zu sein scheint, zitiere ich den Bericht ausführlich. Da er – vielleicht aus Gründen des Persönlichkeitsrechts – auch bezüglich der beruflichen Verfahrensbeteiligten nicht nur anonym, sondern überwiegend geschlechtsneutral formuliert ist, enthält er etwas sperrige Begriffe wie „Verfahrensbeistandschaft", „Richterschaft" und „Anwaltschaft".

Zunächst die deprimierende Statistik:

> „Von 24 Kindern in den analysierten Verfahren waren 6 Kinder von Kontaktabbruch von mehreren Monaten bis zu vier Jahren betroffen; liegt bei weiteren 6 Kindern ein dauerhafter Kontaktabbruch zu einer Elternperson vor; und sind weitere 9 Kinder aus der Aktenlage ersichtlich akut gefährdet, Kontaktabbruch zu erleiden. Im Verlauf der Verfahren wurde durch Verfahrensbeistandschaften oder das Jugendamt bei 17 Kindern zumindest

'Therapiebedarf' festgestellt, von denen 6 bereits in Therapie waren. Zwei Verfahrensbeiständinnen (eine Rechtsanwältin, eine promovierte Pädagogin) hatten die Beistandschaft bei 12 der 24 Kinder, von denen 11 entweder über mehrere Monate oder sogar dauerhaft Kontaktabbruch erlitten haben."

Diese Erkenntnis zu den beiden Verfahrensbeiständen hat eine erhöhte Relevanz, denn der Bericht gibt keinen repräsentativen Aufschluss über die Braunschweiger Familiengerichtspraxis, kann aber Häufungen miserabler Arbeit bei konkreten Personen feststellen.

In jedem der behandelten Fälle hatte es mehrere Gerichtsverfahren gegeben, zum Teil auch in der zweiten Instanz beim OLG. Ein Verfahren beruht normalerweise auf einem Antrag eines Elternteils, eventuell werden im selben Verfahren später weitere Anträge gestellt. Gesetzlich vorgesehen ist, dass bei Verfahren, in denen es um den Umgang (also den Kontakt) mit Kindern oder um die elterliche Sorge geht, nicht mehr als ein Monat zwischen Antragsstellung und gerichtlicher Anhörung vergehen soll. Schließlich werden solche Anträge oft gestellt, wenn ein Konflikt schon eine lange Zeit besteht und (potenziell) das Kind belastet, oder wenn bereits ein Kontaktabbruch zu einem Elternteil eingetreten ist. Da ist selbst ein Monat eventuell eine lange Wartezeit, etwa wenn es um ein Kleinkind geht, das den zweiten Elternteil vermisst, und zudem ist der Konflikt nach der Anhörung oft nicht befriedet. Diese Frist ist aber nicht juristisch durchsetzbar (da eine „soll"-Regelung), so dass allseits bekannt ist, dass sie meistens nicht eingehalten wird. In den hier analysierten Verfahren wurde die Frist nur in rund acht Prozent der Fälle eingehalten. Bei mehr als der Hälfte der Verfahren dauerte es von der Antragstellung bis zum ersten Gerichtstermin sogar drei Monate oder länger. 10 der 24 Kinder waren bei Verfahrensbeginn noch keine acht Jahre alt. Das macht es wahrscheinlich, dass auch kleine Kinder von solchen langen Wartezeiten betroffen waren. Übrigens war nur ein Kind älter als 13, alle anderen fallen also auch unter die juristische Definition von Kind (im Unterschied zu Jugendlichen).

Das Bundesverfassungsgericht hat schon vor langem festgehalten, dass Grundrechte auch durch die Verfahrensgestaltung seitens des Familiengerichts verletzt werden können. Das Gericht muss zu jedem Zeitpunkt des Verfahrens darauf achten, ob Wartezeiten bis zum jeweils nächsten Verfahrensschritt das Kind, beziehungsweise dessen Beziehung zu einem Elternteil in einer Weise belasten, dass seine Grundrechte und die des Elternteils nicht gewahrt sind. Das kann der Fall sein, wenn das Gericht ein Gutachten in Auftrag gibt. Für die Gutachtenerstellung legt das Gericht eine Frist fest, und wenn das Gutachten vorliegt, muss es zügig eine Anhörung ansetzen. Solche Gutachten sollen typischerweise ermitteln, welcher Elternteil wie geeignet für den Umgang mit dem Kind oder für die elterliche Sorge ist. In den analysierten Braunschweiger Fällen dauerte es nach der Vorlage eines Gutachtens stets länger als zwei Monate bis zur Gerichtsanhörung. Bei der Hälfte der Gutachten dauerte es vom Gerichtsbeschluss bis zur Vorlage des Gutachtens länger als sechs Monate. Wegen jahrelanger Verfahrensdauern in Familiengerichten wurde die BRD schon wiederholt vom Europäischen Gerichtshof für Menschenrechte verurteilt, und eine Konsequenz daraus ist das sogenannte Beschleunigungsgebot mit der erwähnten Frist von einem Monat zwischen Antrag und Anhörung. Doch nach wie vor halten Fachleute fest, dass große Belastungen für Familien und daraus eventuell folgende langfristige Schädigungen der Kinder durch zu lange Gerichtsverfahren nicht ungewöhnlich sind.

Das alles verblasst aber angesichts der inhaltlichen Fehler, die von den Braunschweiger Gerichten und dem Jugendamt begangen wurden. Der Bericht benennt folgende Missstände:

> „Oberflächlichkeit und qualitativ ungenügende Amtsermittlung; unzureichende Qualifizierung und Fortbildung; Einflüsse subjektiver Wertesysteme kindschaftsrechtlicher Akteur*innen; eine kaum bis gar nicht vorhandene Fehlerkultur und eine fehlende Bereitschaft zur Selbstreflexion, die umgangssprachlich als ‘Betriebsblindheit’ oder gar als ‘Schmoren im eigenen Saft’ in geschlossenen Zirkeln gedeutet werden darf.“

Als wiederholt auftretende Phänomene in den analysierten Fällen waren festzustellen: „Demontage der Umgangs-Elternperson“, die als „Elternperson zweiter Klasse“ behandelt wird (weil das Kind bei ihr nicht seinen Lebensmittelpunkt hat) und deren Position durch das Gerichtsverfahren weiter verschlechtert wird; „Opfer-Täter-Umkehr“; „das kindschaftsrechtliche System schadet dem Kind“.

So wird konkret bei Fall Nummer 2 festgehalten,

> „dass dieses kindschaftsrechtliche System in einem erschreckend unreflektierten Selbstverständnis von Beginn an Teil des Problems wurde und davon nicht abgewichen ist. Stattdessen hat es zu einem Zeitpunkt, als das eigene Versagen nicht mehr zu übersehen war, mit der Verantwortungsübertragung auf die Umgangselternperson begonnen."

Jede Fallschilderung trägt eine Überschrift. Schon die sind oft gepfeffert: „Arroganz im Jugendamt"; „Respekt und ‚Selbstreflexion' im Jugendamt?"; „Kritik am Jugendamt = Kooperationsverweigerung"; „Wie Eltern systematisch degradiert werden". Skandalöses Verhalten des Jugendamts wird wiederholt geschildert. Etwa in Fall Nummer 7, wo als Fazit zu lesen ist:

> „Hier muss die deutliche Frage gestellt werden, ob es im kindschaftsrechtlichen Helfersystem normal ist, dass betroffene Kinder eher in psychologische Behandlung geschickt werden (noch dazu mit den bekannten langen Wartezeiten bei Psychologen), wenn Defizite bei der Bindungstoleranz und den elterlichen Loyalitätspflichten bei einer hauptbetreuenden Elternperson längst identifiziert sind."

Bindungstoleranz ist, wie im vorangehenden Kapitel bereits erwähnt, die Fähigkeit eines Elternteils, die emotionale Bindung des Kindes zum anderen Elternteil zu würdigen, also zu akzeptieren und zumindest ansatzweise auch zu fördern.

Besonders schlimm war das Verhalten des Jugendamtes in Fall Nummer 8, wo es die Kinder von beiden Eltern getrennt und in Kinderheime verfrachtet hatte, eine sogenannte Inobhutnahme. Die Konsequenz war, dass sich die Eltern nun zumindest in ihrer Ablehnung des Jugendamtes einig waren:

> „Final leben die Kinder nun beim Vater in einem anderen Bundesland, haben regelmäßigen Kontakt zur Mutter und zur Großmutter. Die Kontakte finden dabei so oft es geht im Umfeld des Vaters statt. Zu groß ist die Angst der Familie, dass es in der eigenen Stadt eine erneute Inobhutnahme geben könnte, wenn die Kinder mal zu Besuch sind."

Ein kinderpsychiatrisches Klinikum hatte einem der Kinder zunehmende psychische Störungen infolge der „harten Vorgehensweise bei der Inobhutnahme“ bescheinigt, und beiden Kindern psychische Probleme infolge „ständig wechselnder Bezugspersonen“, da sie zunächst ohne ihre Eltern weit entfernt untergebracht waren und erst nach Monaten gemeinsam mit der Mutter in eine heimatnähere Mutter-Kind-Einrichtung kamen.

In Fall Nummer 11 kam ebenfalls eine Inobhutnahme vor. Laut der Analyse hatte wiederum das Jugendamt einer Lösung ohne Eskalation im Weg gestanden:

> „Die Folge sind übermäßige Grundrechtseingriffe gegen Mutter und Kind, Menschenrechtsverletzungen und kontinuierliche Schädigung des Kindes und der Mutter. Aus der Aktenlage sind die Kosten für die Unterbringung des Kindes bekannt, die sich nah an einer fünfstelligen monatlichen Summe bewegen.“

Die Gerichte stehen dem Jugendamt in Sachen Dilettantismus (diese Diagnose wird im Bericht mehrmals verwendet) aber nicht nach. So beginnt die Schilderung von Fall Nummer 9 mit den Worten:

> „Dieser Fall ließ den Autoren der Erhebung die Haare zu Berge stehen. Fast zwei Jahre lang ist das Familiengericht, in Allianz mit dem Jugendamt, mit der Abwehr beschäftigt, einer Umgangs-Elternperson überhaupt rechtlich garantiertes Gehör zu gewähren, ein Verfahren aufzunehmen und aktiv zu ermitteln, ob von der Umgangs-Elternperson irgendeine Gefahr für das Kind ausgeht.“

Und das war nicht nur zu Beginn des Verfahrens so:

> „Beim nächsten Antrag nach über zwei Jahren baut das Familiengericht ein weiteres Mal Hürden auf. So soll die Umgangs-Elternperson nachweisen, ob vor der Einleitung des Verfahrens die Vermittlung durch das Jugendamt in Anspruch genommen wurde, obwohl schon aus den Verfahrensakten klar nachgewiesen ist, dass das Jugendamt jede Vermittlung ablehnt und auf das Gericht verweist. Darüber hinaus verweigert das Gericht die Anerkennung von Nachweisen für geforderte Dinge, die mangels Grundlage gar nicht nachweisbar sind. Weiterhin wird die

> Verfahrenskostenhilfe für die Umgangs-Elternperson auf Antrag abgelehnt, zugleich der hauptbetreuenden Elternperson sogar aktiv durch das Gericht angeboten. Es ist klar erkennbar, dass die Eltern von Beginn an in zwei Klassen eingeteilt werden, und das Recht des Kindes auf beide Eltern weder für das Gericht noch für das Jugendamt irgendwie von Bedeutung ist. (...) Fast fünf Monate nach erneuter Antragstellung findet erstmals ein Gerichtstermin statt. Im Vorfeld stellt die Verfahrensbeistandschaft – wen wundert es nach Jahren des gerichtlich und jugendamtlich geförderten Kontaktabbruches – fest, dass die Umgangs-Elternperson keine Bezugsperson für das Kind sei."

Und zum Schluss der Geschichte:

> „Nach fast vier Jahren ist der Kontaktabbruch endlich vorbei, das Kind und die Umgangs-Elternperson haben endlich wieder Kontakt. Die verlorene Zeit für Elternperson und Kind kann niemand aufholen. Nachdem also erwiesen war, dass es deutliche Defizite bei Bindungstoleranz und Wohlverhalten der hauptbetreuenden Elternperson gibt; nachdem erwiesen war, dass die jahrelange systembedingte Abwehr der Umgangs-Elternperson hauptsächlich dem Kind geschadet hat und völlig willkürlich war, hat das Familiengericht noch eine Überraschung parat: Das Sachverständigen-Gutachten ist allein und ausschließlich von der Umgangs-Elternperson zu zahlen."

So ein Gutachten kostet einige Tausend Euro. Auch in Fall Nummer 10 haben Gericht und Jugendamt mit der Verweigerung helfender Interventionen die Situation für die Kinder derart verschlechtert, dass bei denen ein Therapiebedarf diagnostiziert wurde. Das Besondere an diesem Fall: Im Lauf des langen Gerichtsverfahrens schaffte es der nur umgangsberechtigte Elternteil, den anderen auszubooten, und machte ihm die Kinder abspenstig – und ab da wurde er von den Institutionen privilegiert behandelt. Der Bericht hält fest:

> „Eine Erziehung ist mittlerweile für die bislang hauptbetreuende Elternperson, nun Elternperson zweiter Klasse, unmöglich geworden. Die Kinder nehmen keine Erziehung mehr an, stellen alles in Frage, zweifeln an Intelligenz und Fähigkeiten dieser Elternperson, mit der sie vorher ihr ganzes Leben selbstverständ-

> lich verbunden waren und von der sie ganz normal betreut und erzogen wurden. Auch das geht aus den Berichten des Jugendamtes hervor."

Eigentlich entsteht nicht nur bei Betrachtung der Braunschweiger Fälle der Eindruck, dass tendenziell die hauptsächlich betreuenden Elternteile von der Familiengerichtsbarkeit bevorzugt behandelt werden (indem ihren unbewiesenen Aussagen geglaubt oder ihre Kooperationsverweigerung nicht sanktioniert wird). Hier hingegen entsteht der Eindruck, dass nicht einmal in dieser Hinsicht eine Systematik vorliegt, sondern dass die einzige Systematik in der Familiengerichtsbarkeit die Inkompetenz ist. Das zeigt auch die abschließende Bemerkung:

> „Weiter belegt ist auch, dass die lange Dauer nicht der richterlichen Ermittlung entscheidungserheblicher Tatsachen geschuldet war, da diese aktenkundig kaum bis unzureichend stattgefunden hat."

Fall Nummer 12 ist ebenfalls die Geschichte einer von den staatlichen Institutionen herbeigeführten Katastrophe. Die Schilderung beginnt mit der Feststellung:

> „Eine vollständig intakte Eltern-Kind-Beziehung wurde nach Aktenlage schon während der ersten neun Lebensjahre des Kindes durch die hauptbetreuende Elternperson regelmäßig durch einseitige Umgangs- und Ferienkürzungen gestört."

Der andere Elternteil bemüht sich zunächst lange über eine Beratungsstelle um eine Verbesserung der Elternbeziehung, bevor er einen Gerichtsantrag stellt. Das Gericht lässt sich wiederholt viel Zeit mit der Bearbeitung, und das Kind fällt im Lauf von Jahren wiederholt damit auf, dass es in den Anhörungen durch das Gericht offenbar eingeübte Aussagen macht, die es zum Teil von Notizzetteln abliest. Auch hier lautet die Analyse:

> „Die hauptbetreuende Elternperson blieb unantastbar, die Umgangs-Elternperson wurde – auch durch gerichtliches Nichtwirken – immer weiter aus dem Leben des Kindes gedrängt."

Nach Jahren beschließt das Gericht, den Umgang mit dem benachteiligten Elternteil für weitere 16 Monate auszusetzen. Es behauptet dabei, dass bei diesem Elternteil eine „narzisstische Persönlichkeitsakzentuierung vorliegt" und, „wie bei einer narzisstischen Persönlichkeitsstörung üblich", diese und jene Handlungsweisen vorhanden seien. Das Gericht bezieht sich dabei aber laut dem Auswertungsbericht auf nur zwei Ereignisse, die noch dazu eher harmlos gewesen seien und sogar mehrere Jahre zurückgelegen hätten. Der Bericht hält fest:

> „Sachverständigen-Gutachten oder Berichte von Jugendamt und Verfahrensbeistandschaft blieben – bis auf die einseitige richterliche diagnosegleiche Konstruktion einer nicht vorhandenen Persönlichkeitsstörung (die im Gutachten gar nicht festgestellt wurde) – unberücksichtigt. Die hauptbetreuende Elternperson blieb weiterhin unangetastet, die Umgangs-Elternperson wurde stattdessen stigmatisiert. (…)
>
> Insgesamt dauerte dieses letztgenannte Verfahren mehr als eineinhalb Jahre, wovon nicht einmal drei Monate für das Sachverständigen-Gutachten benötigt wurden und mehr als ein Jahr gerichtliche Verschleppung aktenkundig ursächlich sind. (…)
>
> Aufgrund der vielen aktenkundigen Verfahrensfehler, der aktenkundig zahlreichen Rechtsverletzungen und Verstöße gegen höherinstanzliche Beschlüsse, der dokumentierten Ignoranz von Urteilen und Beschlüssen von Bundesverfassungsgericht und dem Europäischen Gerichtshof für Menschenrechte hat die Umgangs-Elternperson einen Antrag auf Ablehnung der Richterperson wegen Besorgnis der Befangenheit gestellt und entsprechend begründet. Die mit dem Ablehnungsgesuch betraute Richterschaft stellte auf Amtsgerichtsebene fest, dass die fallführende Richterschaft tadellos gearbeitet hat. Dabei wurden die Gründe mehrheitlich völlig ignoriert, stattdessen die richterlich exklusiv diagnostizierte Persönlichkeitsstörung indirekt bekräftigt."

Fall Nummer 13 mit „fast 100 Dokumenten" aus zehn Jahren ist besonders interessant. Hier gibt es keinen eindeutig hauptschuldigen Elternteil, der die Situation des Kindes verschlimmert.

Zunächst liegt eine typische Situation vor: Der hauptsächlich betreuende Elternteil verweigert immer wieder Kontakte des anderen zum Kind, bevorzugt mit dem Argument, es sei krank. Irgendwann bescheinigt eine kinderpsychiatrische Einrichtung dem Kind einen guten Zustand und erwähnt, dass dieser Elternteil ein psychisches Problem haben könnte. Dem wird erst mal von keinem der beruflichen Verfahrensbeteiligten nachgegangen, doch weil es weiterhin Probleme mit den Umgangskontakten gibt, beauftragt das Gericht ein Sachverständigengutachten, das mehrere Fragen behandeln soll, von denen zum Teil im Gutachten selbst festgehalten ist, dass sie untauglich sind. Das Gutachten spricht eine leichte Präferenz für den nur umgangsberechtigten Elternteil aus, und damit wendet sich das Blatt. Das Kind soll zu ihm wechseln. Dabei wird nun sogar auf den alten Verdacht der kinderpsychiatrischen Einrichtung gegenüber dem damals hauptsächlich betreuenden Elternteil Bezug genommen, obwohl diese Einrichtung naturgemäß gar keinen Auftrag hatte, den Elternteil zu untersuchen. Im Analysebericht werden an dieser Stelle folgende Fragen aufgeworfen:

> „Warum wurde ohne jede Not und ohne Erwägung niedrigschwelligerer Eingriffe in die Elternrechte mit einseitiger Präferenz eingegriffen? Warum wurde von Seiten des kindschaftsrechtlichen Systems nicht auf Vorgaben hingewirkt, die die Defizite der Eltern ebenso in den Blick nehmen wie die Vorzüge? Warum wurde die Zwei-Klassen-Elternschaft einfach umgedreht, obwohl es klügere Lösungen gegeben hätte? (…) Es wird weiter in gute und schlechte Eltern unterteilt, wobei die Gewinner- und Verlierer-Elternperson nun die Geschlechter geändert haben.“

Eine paritätische Betreuung, dass das Kind also gleich viel Zeit bei beiden Eltern verbringt, wird demzufolge nicht einmal in Erwägung gezogen. Danach gibt es Anzeichen einer Verweigerungshaltung beim neuen hauptsächlich betreuenden Elternteil. Der andere geht in die zweite Instanz, doch das OLG bestätigt den Gerichtsbeschluss ohne Anhörung. Die Analyse hält fest:

> „Zum heutigen Zeitpunkt hat das Kind den Kontakt zur damals hauptbetreuenden Elternperson nunmehr seit einem Jahr vollständig abgebrochen, hatte sich aber noch zwei Jahre vorher unter Polizeieinsatz geweigert, zur neuen hauptbetreuenden Elternperson zurückzukehren. Die schulischen Leistungen haben weiter nachgelassen. Das kindschaftsrechtliche Helfersystem hat zwar die Akten für sich schließen können, hat dabei jedoch

> einem betroffenen Kind nicht geholfen, sondern im Gegenteil lebenslang geschadet. (...)
>
> Ebenso ist zu keiner Zeit erkennbar gewesen, dass das kindschaftsrechtliche System – allen vorweg das Familiengericht – ernsthaft an elterlichem Einvernehmen, der gewissenhaften Ermittlung entscheidungserheblicher Tatsachen, einer in jeder Lage des Verfahrens beschleunigten Verfahrensführung oder dem Erhalt beider Eltern für das Kind gearbeitet hat. Ergebnis: Das Kind ist nun 'Halbwaise', lehnt die Hälfte seiner selbst ab, hatte zu keiner Zeit die Chance, unbelastet beide Eltern lieben zu dürfen. (…)
>
> Seriöse Diagnosen und sanktionierbare, interpretationsfreie und lückenlose Vorgaben [für die Eltern; RH] gab es nicht. Es gab nur Gewinner- und Verlierer-Eltern, erschreckende Verschlepperei und einen ausgeprägten Dilettantismus im kindschaftsrechtlichen System."

Dieser Fall vereint also eine ganze Reihe Verstöße gegen fundamentale Rechtsgrundsätze, ja gegen den Existenzzweck eines Familiengerichts überhaupt. Er ist zudem auch deshalb besonders erschreckend, weil die Ausgangslage keine Katastrophe darstellte, sondern vielmehr die Familie vom Familiengericht in die Katastrophe befördert wurde. Offenbar waren beide Eltern nicht immer vor allem am Kindeswohl ausgerichtet – aber damit muss das kindschaftsrechtliche Hilfssystem umgehen können. Stattdessen hat dieses System selbst die Eskalation herbeigeführt.

Nun entsteht aber die Frage, was mit dem auch im Braunschweiger Bericht wiederholt verwendeten Begriff „System" eigentlich gemeint sein soll. Zu einem System gehören Grundsätze, Prinzipien, Regeln und darauf aufbauende Mechanismen. Besonders ausgeprägt ist das logischerweise bei einem Rechtssystem. Im deutschen Familienrecht aber kommen dessen eigene Grundsätze sehr oft nicht zur Geltung. Sei es seitens Politik oder hohen Gerichten – an der theoretischen Grundlage des Systems wird seit langem hin und wieder gearbeitet, auch mit guten Ergebnissen, aber das schlägt sich nur sehr bedingt in der Gerichtspraxis nieder. Im Fazit zur Braunschweiger Erhebung wird darauf hingewiesen, dass die Europäische Menschenrechtskonvention, über deren Einhaltung der Europäische Gerichtshof für Menschenrechte wacht, und die UN-Kinderrechtskonvention unzureichend beachtet werden:

> „Das Bundesverfassungsgericht hat schon mehrfach in Urteilen betont, dass insbesondere die Judikate des Europäischen Gerichtshofes für Menschenrechte (EGMR) nicht nur zu beachten sind, sondern die Gerichte vielmehr sogar begründen müssen, warum sie in Einzelfällen von der Rechtsprechung des EGMR abweichen. Sowohl im Amtsgericht / Familiengericht Braunschweig, als auch im Oberlandesgericht Braunschweig werden nach uns vorliegenden Akten diese Urteile nicht berücksichtigt. Man negiert sie nicht und lehnt sie nicht ab. Man macht es sich einfacher: Diese Urteile werden schlicht sogar dann ignoriert, wenn sie von Verfahrensbeteiligten ins Verfahren eingebracht werden."

An anderer Stelle werden die Familiengerichte auch mal als „Spielcasino im Rechtsstaat" bezeichnet, weil es quasi Glückssache ist, ob jemand zu seinem Recht kommt.

Bestätigt und konkretisiert wird diese Kritik vom nach den Fallschilderungen zu Wort kommenden Hamburger Rechtsanwalt Matthias Bergmann, dessen Kanzlei bundesweit familienrechtliche Fälle übernimmt. Laut ihm gibt es

> „in kindschaftsrechtlichen Verfahren keinerlei Qualitätskontrolle. Erhebungen über die Qualität, Dauer, Auswirkungen und Erfolge kindschaftsrechtlicher Gerichtsverfahren gibt es so gut wie nicht. Den wenigen Erhebungen, welche es gibt, wird auf Justizseite mit erheblichem Unwillen begegnet."

Wie ist nun dieser Erhebung seitens der Justiz begegnet worden? Am Ende der Auswertung schreibt der Verein PMA, er biete den Braunschweiger Gerichten und dem Jugendamt „den konstruktiven Dialog" an, um „Defizite und Qualitätsmängel zu beseitigen".

Auf meine Anfrage hin berichtet der Vereinsvorsitzende Ulf Hofes im Januar 2025, von Gerichten und aus der Landespolitik keine Reaktion erhalten zu haben. Das Amtsgericht bestätigt mir das und führt aus, dass es sich generell nicht öffentlich zu Kritik an ihm äußere. Der Pressesprecher schreibt mir weiter:

> „Zu der Frage, ob und inwieweit sich die Richterinnen und Richter persönlich mit dieser oder auch anderen Veröffentlichungen auseinandergesetzt haben, kann ich als Vertreter der Pressestelle

des Gerichts keine offizielle Äußerung im Namen der Institution Amtsgericht Braunschweig abgeben."

Hätte er die Richterinnen und Richter gefragt, könnte er. Beim OLG erfahre ich zum dortigen Umgang mit dem Bericht nur: „Die Vorsitzenden der Familiensenate hatten Gelegenheit zur Kenntnisnahme." Eine öffentliche Reaktion sei aber nicht erfolgt.

Hofes berichtet mir, ein Braunschweiger Vereinsmitglied habe die Erhebung in einer Stadtratssitzung angesprochen, und sei dann zu einem Treffen mit der Sozialdezernentin und dem Leiter des Jugendamts eingeladen worden, an dem Hofes teilnehmen durfte. „Der Termin dauerte nur eine halbe Stunde, und 25 Minuten davon bestanden darin, dass uns Vorwürfe gemacht wurden", erinnert sich der PMA-Vositzende. Die Behördenleitungen hätten kritisiert, dass der Erhebungsbericht ohne vorherige Rücksprache mit ihnen in die Öffentlichkeit getragen worden war. Dasselbe habe die Sozialdezernentin auch schon in der Stadtratssitzung gesagt.

Es folgte ein Online-Gespräch im März 2024. Davor hatte Hofes den beiden städtischen Angestellten eine E-Mail mit zu besprechenden Themen geschickt. Darin steht unter anderem: „Ein erhebliches Problem im kindschaftsrechtlichen System ist die vorhandene Anzahl an trennungsinduzierten Kontaktabbrüchen." Es folgen Fragen zu den Fähigkeiten des Jugendamts, dem entgegenzuwirken. Auch Inobhutnahmen – also wenn ein Kind in ein Heim gesteckt wird – werden angesprochen. Bezeichnenderweise endet dieser erste Aufschlag für die angedachte Kooperation mit einer Maßgabe, die eigentlich eine Selbstverständlichkeit sein sollte: „Für alle Fälle, die Scheidungs- oder Pflegekinder betreffen, sollte grundsätzlich die Sicherstellung des Wahrheitsgehalts von Aussagen oberste Priorität haben." Gemeint sind die Aussagen des Jugendamts gegenüber dem Gericht, die manchmal unbelegt seien und eine „institutionelle Kindeswohlgefährdung" darstellen können.

Laut Hofes weigerten sich die Sozialdezernentin und der Leiter des Jugendamts, betroffene Eltern in die weitere Kommunikation einzubinden, die der Suche nach Verbesserungsmöglichkeiten beim Jugendamt dienen sollte. Auch über all die aufgeworfenen – und drei Wochen vorher geschickten – Fragen wollten sie demnach in dem Online-Gespräch nicht reden, so dass Hofes eine Woche später per E-Mail um eine schriftliche Stellungnahme dazu bat. Im Juni erinnerte er wieder per E-Mail daran, da er immer noch keine Antwort erhalten hatte. Die Sozialdezernentin Christina Rentzsch vertröstete ihn auf nach den Sommerferien.

Ende August schickte Rentzsch dann eine E-Mail mit der Ansage, die von ihrem Fachbereich erarbeiteten Antworten auf die aufgeworfenen Fragen lägen zwar nun vor, sie wollte sie aber noch nicht schicken. Sie war nämlich ungehalten. Ihr lag eine Nachricht von Hofes vor, die sie

> „stark irritiert hat. Diese zeigt mir erneut, dass Ihre Kommentare oft pauschal und nicht konstruktiv sind. Es scheint, als gehe es Ihnen weniger um konkrete Verbesserungen, sondern eher darum, Unruhe zu stiften."

Das ist ein schöner Ausdruck eines obrigkeitsstaatlichen Selbstverständnisses: Verbesserungen gibt es nur, wenn keine Unruhe gestiftet wird. Rentzsch bezog sich auf eine Nachricht von Hofes an einen der Väter, dessen Gerichtsakte er studiert und in die Erhebung aufgenommen hatte, und die der Vater dem Jugendamt weitergeleitet hatte, vielleicht, um Druck aufzubauen. Darin ging es laut Hofes darum, dass der Vater seine Kinder nicht mehr sah, weil die Mutter weggezogen war und alle Kontakte verweigerte, und weil weder Jugendamt noch Familiengericht etwas nennenswertes dagegen unternahmen. Hofes' Antwort an den Vater habe dann gelautet: „Die wollen die Akte endlich vom Tisch haben. Um die Kinder geht es da leider nicht."

Rentzsch warf Hofes deswegen schriftlich vor, dass er die Verantwortung nur beim Jugendamt sehe, und das trage „nicht zu einer konstruktiven Lösung des Problems bei". Sie fügte hinzu:

> „Ich bitte um Ihr Verständnis, dass ich zunächst von einer weiteren Beantwortung absehe, um zu vermeiden, dass die Situation weiter eskaliert und sich bestehende Differenzen vertiefen."

Hofes schrieb daraufhin eine beschwichtigende E-Mail und bekam schon am nächsten Werktag die erbetenen Antworten – ein halbes Jahr, nachdem er die Fragen als Grundlage für das Online-Gespräch geschickt hatte. Rentzsch behandelte ihn aber auch jetzt von oben herab:

> „Ich möchte voranschicken, dass einige Ihrer Darstellungen/ Aussagen innerhalb des Fachbereiches Kinder, Jugend und Familie, und bei mir zu einer wiederholt hohen Irritation geführt

> haben, da sie starke Schuldzuweisungen bzw. pauschalierte Vorwürfe über fachliches Fehlverhalten, sowie eine vermutete Behördenwillkür der beteiligten Fachkräfte des Allgemeinen Sozialen Dienstes (ASD) und des Pflegekinderdienstes (PKD) zu unterstellen scheinen."

Vorwürfe in pauschaler Form werden grundsätzlich nicht akzeptiert, aber über die in der Erhebung von PMA dargestellten konkreten Fälle, bei denen das Jugendamt die Probleme eher verschärft hatte, wollten die Behördenspitzen auch nicht sprechen. Wie ernsthaft war also die Kommunikation mit PMA? Rentzschs langes Schreiben enthält die Bemerkung:

> „Wir haben Ihnen in unseren Gesprächen bereits mehrfach aufgezeigt, welche Möglichkeiten es unserer Meinung nach gäbe, einen solchen Bericht qualitativ durch externe unabhängige Experten so zu gestalten, dass die Ergebnisse verwertbar wären."

Das klingt interessant – die Erhebung könnte also qualitativ aufgewertet werden? Leider will mir die Sozialdezernentin Rentzsch nicht erläutern, was damit gemeint ist, denn sie lehnt jede Stellungnahme zu ihrer Kommunikation mit PMA ab. Ich hatte auch zu mehreren Aspekten des beschriebenen Schriftverkehrs ihre Bestätigung erbeten, ebenso wie einen Kommentar zu Hofes' Schilderungen. Hofes selbst bestreitet jedenfalls auf meine Anfrage hin, irgendwelche Anregungen erhalten zu haben, die von Rentzschs zitierter Aussage gemeint sein können.

Der Austausch mit den Braunschweiger Führungskräften sei im September 2024 zum Erliegen gekommen, berichtet der PMA-Vorsitzende. Es ist die Geschichte einer fast ständig misslingenden Kommunikation: Der Verein wollte über konkrete Problemfälle sprechen, die Behördenspitzen hingegen nur allgemein, wobei sie um einen Verfahrensvorschlag baten. Die daraufhin eingereichten 17 Fragen, die das Gespräch anschieben sollten, wurden erst nach einem halben Jahr beantwortet, waren aber auch wenig geeignet, viel zu bringen, weil sie überwiegend pauschal waren. Dementsprechend pauschal wurden sie auch beantwortet. Das war den beiden PMA-Vertretern zu allgemein und unkritisch, so dass sie von weiteren Kommunikationsversuchen absahen, wie Hofes festhält. Rentzsch hatte zwar ihre letzte E-Mail mit der Anmerkung beendet:

> „Nach mehreren Gesprächen und den Fragen, bzw. deren Beantwortung bleibt etwas unklar, was genau Sie damit erreichen wollen. Sie sprachen ja davon, Strukturen im Interesse der Kinder verbessern zu wollen. Aus diesem Grunde würde ich vorschlagen, dass Sie uns konkrete Anregungen oder Projektideen übermitteln, die dieses von uns ebenfalls gern mitgetragene Ziel adressieren."

Aber angesichts der fundamentalen Diskrepanzen in der Herangehensweise und im Problembewusstsein ist es sehr fraglich, ob diese beiden Akteure wirklich einen gemeinsamen Ansatz finden können. Die kritischen Fragen enthielten sozusagen indirekt Anregungen, wurden aber als beleidigend aufgefasst. Die aus den E-Mails der Sozialdezernentin sprechende Behördenarroganz lässt es als ausgeschlossen erscheinen, dass ein sachdienliches Projekt, das sich ein Betroffenenverein wie PMA ausdenkt, und das notwendigerweise kritisch gegenüber dem Jugendamt ist, von diesem Amt selbst in die Tat umgesetzt wird. Das Angebot, Anregungen und Projektideen einzureichen, ist somit als Teil der sogenannten Mitmachfalle anzusehen, die von manchen Leuten seit Jahren kritisiert wird: Behörden laden die Bevölkerung zum Mitdenken und Einreichen von Vorschlägen ein, berücksichtigen dann aber nur die Dinge – falls überhaupt welche –, die ihnen in den Kram passen.

Jugendamt und Familiengericht werden im Familienrechtsdiskurs oft zusammen als „staatliches Wächteramt" bezeichnet. Das bezieht sich auf Artikel 6 des Grundgesetzes, in dem den Eltern zunächst die eigene Verantwortung für ihre Kinder, und damit eine Erziehungsautonomie bescheinigt wird, in dem aber der Zusatz folgt: „Über ihre Betätigung wacht die staatliche Gemeinschaft." Sprich: Wenn die Eltern das Kindeswohl gefährden, interveniert der Staat. Das tut er aber oft nicht, und manchmal ist es die staatliche Intervention selbst, die den Kindern schadet – das ist dann die sogenannte institutionelle Kindeswohlgefährdung. Für beide Varianten liefert der Braunschweiger Erhebungsbericht Anschauungsmaterial.

In der Wirtschaftspolitik gibt es den Begriff „Nachtwächterstaat". Damit ist gemeint, dass der Staat wie ein Nachtwächter die Leute in Ruhe lässt, nur nach dem Nötigsten schaut und Kriminalität bekämpft. Die Bundeszentrale für politische Bildung definiert den Begriff als:

> „Bezeichnung für einen Staat, der sich am Prinzip des Laissez-faire orientiert und nicht in den Wirtschaftsprozess eingreift, also keine aktive Wirtschaftspolitik betreibt, sondern lediglich Rahmenbedingungen für die Wirtschaft setzt und z.B. Privateigentum gewährleistet, oder für Sicherheit sorgt."

In Braunschweig – und bei weitem nicht nur dort – scheint oft zumindest in Bezug auf Kinder dieses staatliche Selbstverständnis vorzuherrschen. Solange sie einen Elternteil haben, wird das als ausreichend angesehen, und nicht aktiv auf eine Verbesserung ihrer Lage, nämlich ihrer Beziehung zum anderen Elternteil hingewirkt. Laissez-faire bedeutet: andere Leute machen lassen. Das sind hier die Elternteile mit der (fast) absoluten Verfügungsmacht über ihre Kinder. Angesichts der Rechte für alle Eltern und Kinder, wie sie im Grundgesetz festgelegt sind, ist so eine Haltung verfassungswidrig. Familien brauchen vom Staat mehr als ein bloßes Nachtwächteramt.

3. Ein Grundlosgesetz nach dem nächsten. Die Geschichte des westdeutschen Kindschaftsrechts seit 1949

Das deutsche Kindschaftsrecht ist ein gutes Feld, um den Mythos zu entzaubern, in der modernen Demokratie werde die Gleichheit vor dem Gesetz vom Staat geschützt. Wer über ein bisschen intellektuelles Niveau verfügt, wird nicht, den Mythos pflegend, behaupten, dass das schon immer so war, seit es die moderne Demokratie gibt – allein schon, weil es keine moderne Demokratie in Reinform mit einer bestimmten Geburtsstunde gibt, sondern Prozesse der Demokratisierung zu unterschiedlichen Zeiten an unterschiedlichen Orten. Kämpfe um Grundrechte, um Anerkennung, gibt es auch heute noch seitens gesellschaftlicher Minderheiten. Damit fehlt der Systempropaganda, die die Regierung und ihre Getreuen in Schulen und Medien verbreiten, das Fundament, denn wenn die Demokratie ständig weiterentwickelt wird, ist das Heiligsprechen des gegenwärtigen Zustands oder gar früherer Etappen unmöglich. Ich muss bei Beschwörungen des Grundgesetzes manchmal an den Begriff „Heiliges Buch" denken. Solchen Büchern ist es eigen, dass die Gläubigen nicht nur so tun, als stünden darin ewige Wahrheiten, sondern auch, als ob sie sich selbst immer an die dort enthaltenen Vorgaben hielten.

Gemeinhin wird gesagt, das Entscheidende an Verfassungen wie dem Grundgesetz sei deren Kern, und im Lauf der Zeit gebe es an den Rändern Innovationen, Ausweitungen, sodass die Demokratie immer demokratischer geworden sei. Das ist aber zu vereinfacht und zu wohlwollend. Vor allem lässt sich darauf nicht der vorherrschende Kult um die Demokratie gründen, denn die mit ihr einhergehenden Benachteiligungen für erhebliche Bevölkerungsschichten, die, wenn überhaupt, erst nach harten Kämpfen fielen, waren zu krass. Ich denke da vor allem an die Diskriminierungen beim Wahlrecht und hinsichtlich der sexuellen Orientierung, sowie an die Privatisierung von Gemeineigentum und die Schaffung einer Wirtschaftsordnung, die über den Wettbewerb immens vielen Menschen das eigenständige Wirtschaften verunmöglicht hat, am deutlichsten vielleicht in der Landwirtschaft. Ja, auch ich bin froh, dass ich nicht unter einem König leben muss, dass es also Menschen gab, die im Kampf für die Abschaffung des Absolutismus ihr Leben riskierten und oft auch verloren. Aber ich bin auch froh, dass ich unter einer Kanzlerin Merkel gelebt habe, anstatt irgendeines der noch beängstigenderen Menschen, die es im In- und Ausland gibt, und dennoch werde ich nie Merkel hochleben lassen. Sprich: Nüchtern der Demokratie den Vorzug vor etwas Schlechterem zu geben, ist gerechtfertigt – ihre vorherrschende platte Beschwörung als beste Grundlage für menschliches Zusammenleben ist es nicht, denn das hat immer etwas von der Rede vom Ende der Geschichte.

Ein zentrales Problem ist, dass dabei nur auf die Sphäre der expliziten Politik Bezug genommen wird, also auf Rechte und offizielle politische Mechanismen und Institutionen. Ausgeklammert wird dann der gesellschaftliche Bereich, in dem die wirkliche Macht liegt: die Wirtschaft. Eine Demokratie, in der die Produktionsmittel einer kleinen Minderheit gehören, die weder gezwungen noch willens ist, sie zum Wohl der Allgemeinheit einzusetzen – also für die gesellschaftlichen Bedarfe –, ist nicht ganz ernstzunehmen. Diese Minderheit wird sich, wenn es darauf ankommt, in der Regel trotz aller Rechte und Mitsprachemöglichkeiten für die Restbevölkerung auch in den ach so demokratischen Prozessen durchsetzen. Die historischen Zugeständnisse, die ihr mittlerweile abgetrotzt worden sind – etwa der Sozialstaat, Arbeits- und Umweltschutz –, dürfen über ihre grundlegende Macht nicht hinwegtäuschen.

Im familienrechtlichen Kontext ist ein anderes zentrales Problem noch relevanter: Gesetze und Grundrechte werden auf ewig den Makel haben, dass sie sich nicht selbst durchsetzen können. Sie brauchen Menschen, die sie durchsetzen, beziehungsweise konkretisiert umsetzen. Menschen aber denken in moralischen Kategorien. Sie können versuchen, sich von möglichst vielen zeitgenössischen moralischen Vorstellungen freizumachen und möglichst universalistisch zu denken, aber so ein Wille zum Universalismus ist selbst Ausdruck einer bestimmten Moral, oder auch Kultur, und somit nicht einfach durch den viel zitierten freien Willen erreichbar, jedenfalls nicht von einem großen Teil der Menschheit. Da die Rechtspflege und -durchsetzung nur einem sehr kleinen Teil der Menschheit obliegt, ist sie zwangsläufig moralisch geprägt.

Moralische Prägung bezieht sich auf das, was in der Rechtsprechung grundsätzlich vorausgesetzt wird und nicht in den Gesetzen oder der Verfassung steht; das, was für normal gehalten wird. Sowas wie: Frauen sind besser im Haushalt als in wichtigen Ämtern aufgehoben; Homosexualität ist von der Natur nicht vorgesehen und deshalb eine Art Geisteskrankheit; alle Menschen gehören einer Nation an und müssen sich für deren materielles wie geistiges Wohl einsetzen (weswegen zum Beispiel in den 1920ern ultra-nationalistische Gewalttäter, Adolf Hitler eingeschlossen, sehr nachsichtig von der Justiz behandelt wurden, schließlich hatten sie bei ihren Gesetzesübertretungen nur das Beste für die Nation gewollt).

Jeder Mensch sollte sich somit klarmachen: Es herrschen nie Gesetze, sondern stets Menschen, die Gesetze interpretieren und oft auch instrumentalisieren. Das zeigt sich schon an zwei bekannten Redensarten: „Vor Gericht und auf hoher See bist du in Gottes Hand", und: „Zwei Juristen, drei Meinungen." Es ist kurios, dass die hier unterstellte Beliebigkeit oder zumindest Unvorhersehbarkeit gerade auf das Recht besonders stark zutreffen soll. Die Gesetze sind ja normalerweise klar formuliert, und alle Menschen, die im juristischen Bereich tätig sind, müssen sich auf dieselben Gesetze berufen. Trotzdem gibt es da viele Interpretationsunterschiede und daraus folgende Debatten – und zwar in einem Ausmaß, das im Vergleich zu anderen Branchen auffällig ist. Wahrscheinlich hat noch nie jemand gesagt: „Auf hoher See und im Arbeitsamt / auf einem Operationstisch / in einem Gefangenentransporter der Polizei bist du in Gottes Hand." Oder: „Zwei Soziologen / Hautärzte / Gebrauchtwagenhändler, drei Meinungen."

In der Rechtstheorie ist die grundlegende relative Unkonkretheit der Gesetze – oder anders gesagt: die Abhängigkeit ihrer Anwendung von gesellschaftlichen Rahmenbedingungen – längst ein Thema. So wurde der spätere Juraprofessor Bernd Rüthers mit seiner 1968 erschienenen Habilitationsschrift – eine Habilitation war lange Zeit die Voraussetzung für das Erlangen einer Professur – *Die unbegrenzte Auslegung* bekannt, Untertitel: *Zum Wandel der Privatrechtsordnung im Nationalsozialismus*. Rüthers legte dar, dass die Nazis bei der Umwälzung aller Rechtsbereiche nur wenig an den Gesetzen ändern mussten, sondern nur die Auslegung neu vorgaben. Er wurde dann Spezialist für das Überdauern von Gesetzen bei gesellschaftlichen Umbrüchen. In der Einleitung zum genannten Buch weist der Autor darauf hin, welche Umbrüche das Bürgerliche Gesetzbuch und das Handelsgesetzbuch „im Wesentlichen unverändert" überstanden hatten:

> „Sie haben die Revolution von 1918, die Inflation von 1923 und die Machtübernahme von 1933 ebenso überdauert wie den Zusammenbruch von 1945 und die Währungsreform von 1948. Die Elastizität dieser Kodifikationen scheint ausreichend zu sein, um den zivilrechtlichen Beurteilungsmaßstab zu bieten in einer konstitutionellen Monarchie ebenso wie in einer liberalen Demokratie, im nationalsozialistischen Führerstaat ebenso wie im sozialen Rechtsstaat. Dieser Umstand lenkt den Blick auf die ungemein große Interpretationsfähigkeit von Gesetzestexten."

Rüthers zitiert dann Max Weber, einen der Begründer der akademischen Soziologie, der gerade auch auf Wirtschaftsthemen spezialisiert war, und der auf dem ersten Deutschen Soziologentag 1910 im Grunde denselben Hinweis auf die Unabhängigkeit der Wirtschaftsordnung von der Rechtsordnung gegeben hatte, wobei er die Behauptung aufstellte:

> „Es wäre nicht ausgeschlossen, dass bei vollem Bestehenbleiben des BGB eine sozialistische Wirtschaftsordnung entstehen könnte."

Die beiden von mir genannten zentralen Probleme des Rechts kommen in Sachen Familie zusammen. Erstens ist die Familie ein Bereich, der besonders stark von moralischen Vorstellungen geprägt ist oder zumindest früher war. Zweitens sind die Kinder eine der machtlosesten gesellschaftlichen Gruppen, und dazu die am einfachsten manipulierbare, sodass sie ihre Interessen fast unmöglich durchsetzen können. So erklärt sich die skandalöse Geschichte des (zumindest deutschen) Familienrechts selbst nach der Verabschiedung des Grundgesetzes.

Im Folgenden geht es immer wieder um dessen Artikel 6, in dem die Familiengrundrechte festgeschrieben sind. Er hat fünf Absätze:

1.) Ehe und Familie stehen unter dem besonderen Schutze der staatlichen Ordnung.
2.) Pflege und Erziehung der Kinder sind das natürliche Recht der Eltern und die zuvörderst ihnen obliegende Pflicht. Über ihre Betätigung wacht die staatliche Gemeinschaft.
3.) Gegen den Willen der Erziehungsberechtigten dürfen Kinder nur auf Grund eines Gesetzes von der Familie getrennt werden, wenn die Erziehungsberechtigten versagen oder wenn die Kinder aus anderen Gründen zu verwahrlosen drohen.
4.) Jede Mutter hat Anspruch auf den Schutz und die Fürsorge der Gemeinschaft.
5.) Den unehelichen Kindern sind durch die Gesetzgebung die gleichen Bedingungen für ihre leibliche und seelische Entwicklung und ihre Stellung in der Gesellschaft zu schaffen wie den ehelichen Kindern.

Zum Teil stütze ich meine Darstellung der Rechtsgeschichte auf das 2013 erschienene Buch *Sorge- und Umgangsrecht für nichteheliche Kinder* der Familienrechtsanwältin Almuth Zempel, die auch als Verfahrensbeistand und in der Fortbildung gearbeitet hat. Die gesonderte Erwähnung der Situation unehelicher Kinder ist hier besonders relevant, weil das Grundgesetz für sie keine Sonderregelungen vorsieht, zumindest keine diskriminierende, siehe Absatz 5 von Artikel 6 GG. Dieser Grundgesetz-Artikel handelt vor allem von Eltern und Kindern, nicht von Scheidung, Paartrennung, Alleinerziehenden oder Umzugswunsch. Die Ehe wird zwar in Absatz 1 gesondert erwähnt, in Bezug auf die Kinder wird das aber von Absatz 5 wieder ausgeglichen. Sprich: Verheiratete dürfen gegenüber unverheirateten Paaren privilegiert werden, nicht aber die ehelichen Kinder gegenüber den unehelichen. Das wurde schon gleich nach der Verabschiedung des Grundgesetzes nicht beherzigt, wie Zempel festhält:

> „Die nächsten 20 Jahre blieb das Recht der nichtehelichen Kinder weiter in der Fassung des BGB von 1900 bestehen. Das bedeutet, dass eine Verwandtschaft des Kindes mit seinem Vater nicht bestand, und dass das Kind unter Amtsvormundschaft stand. Auch die Mutter hatte demnach kein Sorgerecht."

Ja, das klingt heute völlig irre, und ja, Artikel 6 war damals derselbe wie heute. Zempel erklärt, „dass zu dieser Zeit allgemein immer noch davon ausgegangen wurde, dass nicht-eheliche Kinder ohne Vater aufwachsen“. Sie sieht das angesichts der historischen Fachdiskussion darin begründet, „dass der Staat ein Interesse an Ordnung hat“, und diese Ordnung sah Familien mit verheirateten Eltern vor. Eine Frau mit unehelichen Kindern von mehreren Männern, die auch noch selbst über sie bestimmen darf, war dem damals vorherrschenden Staatsverständnis offenbar ein Graus. Ein Staat basiert auf Behörden und Gesetzen, ihm geht es natürlicherweise um die Herstellung, beziehungsweise den Erhalt einer bestimmten Ordnung. Aber diese Diskriminierung unehelicher Kinder und Eltern hatte damit nichts zu tun, sondern war vor allem Moralismus.

Das zeigt ein Beschluss des Bundesverfassungsgerichts vom 24.3.1981 (auf den ich noch eingehen werde), in dem die historische Entwicklung der Rechtsauffassung festgehalten wird:

> „Der Ausschluß des Verwandtschaftsverhältnisses wurde damit begründet, es ermangelten hier völlig die sittlichen und faktischen Voraussetzungen für die Begründung familienrechtlicher Beziehungen, namentlich in solchen Fällen, in welchen die Vaterschaft nicht freiwillig anerkannt werde, sondern erst im Wege des Prozesses festgestellt werden müsse.“

„Namentlich“ bedeutet: konkret, oder auch: besonders, vor allem. Somit hat die zweite Satzhälfte eine Alibi-Funktion, sie ist nicht systematisch, grundsätzlich, wie es von einem grundrechtlichen Argument verlangt werden muss, sondern sie bezieht sich nur auf bestimmte Fälle. Auch die Frage, welche „faktischen Voraussetzungen“ in jedem Einzelfall vorliegen, ist für eine grundrechtliche Regelung unerheblich, denn ein Grundrecht darf für bestimmte Bedingungen definiert werden, die Abwesenheit dieser Voraussetzungen darf aber nicht kontrafaktisch allen Betroffenen unterstellt werden. Somit bleibt als einziges Argument das der sogenannten Sittlichkeit, also ein Moralismus. Zu beachten ist auch, dass in der zitierten Formulierung nicht die Rede davon ist, es ermangele an einer familiären Beziehung, sondern nur davon, dass bei einem unehelichen Kind davon auszugehen sei, dass keine familien*rechtliche* Beziehung begründet werden könne. Diese Behauptung müsste eigentlich separat begründet werden.

Selbst wenn wir annehmen, dass zu Beginn der zweiten Hälfte des 20. Jahrhunderts uneheliche Kinder stark überwiegend unabsichtlich gezeugt wurden, steht das ihrer Gleichberechtigung – und der ihrer Eltern – nicht entgegen. Ein Vater, der mit seinem unehelichen Kind nichts zu tun haben will, kann einfach davon absehen, sich um es zu kümmern oder sonstwie Verantwortung zu übernehmen. Ihm die „familienrechtliche Beziehung“ zuzugestehen, hätte somit wohl nicht geschadet (außer der sonstigen Familie des Vaters in materieller Hinsicht, denn hätte er mit seinem unehelichen Kind als verwandt gegolten, dann hätte es Erbansprüche gehabt). So aber gingen auch jene Väter leer aus – besser gesagt: sie wurden diskriminiert –, die Erziehungsaufgaben und Verantwortung übernehmen wollten.

1969 immerhin verlangte das Bundesverfassungsgericht „eine Umsetzung von Artikel 6, Absatz 5 Grundgesetz“, hält Zempel fest, und zwar noch in derselben Legislaturperiode. Die endete im selben Jahr, ohne dass die Regierung Kiesinger das verlangte Gesetz verabschiedet hatte. Es ist bis heute so, dass Familienrechtsreformen gerne sehr verschleppt werden. Damals war schon die Vorgeschichte die einer Verschleppung, oder besser gesagt: einer Ignoranz. 20 Jahre lang hatten Justiz und Regierungen akzeptiert, dass ein explizit im Grundgesetz enthaltenes Diskriminierungsverbot missachtet wurde – und zwar nicht einfach nur in der Rechtspraxis missachtet wurde, sondern durch diskriminierende Gesetze.

Immerhin erledigte die neue Regierung Brandt den vom Gericht erteilten Auftrag relativ zügig, nämlich 1970 (Willy Brandt war übrigens selbst als uneheliches Kind zur Welt gekommen, wuchs mit dem Stiefgroßvater als Ersatzvater auf und erfuhr von seiner Mutter erst als Erwachsener den Namen seines Vaters). Zempel erklärt:

> „Das Nichtehelichengesetz stellte nach nunmehr mehr als 50 Jahren verfassungsmäßigen Auftrages zur Gleichstellung der nichtehelichen Kinder einen ersten ernstzunehmenden Schritt in diese Richtung dar. Es gab grundlegende Veränderungen, von einer wirklichen Gleichstellung war man aber noch meilenweit entfernt.“

Oha, nach 50 Jahren ein erster Schritt. Sowohl in der ersten als auch in der zweiten deutschen Demokratie war also von Beginn an in der Verfassung etwas gefordert worden, was jahrzehntelang nicht umgesetzt wurde. Das heilige Buch hatte in diesem Punkt einfach nicht genug Gläubige, und so war die Rechtswirklichkeit weniger universalistisch als der ihr angeblich zugrundeliegende Grundrechtskatalog.

Nun also, ab 1970, konnte eine unverheiratete Mutter die elterliche Sorge ausüben und frei über ihr Kind bestimmen. Der Vater bekam diese Gelegenheit nur, wenn der Mutter die Sorge entzogen wurde (oder wenn er eine sogenannte Ehelichkeitserklärung abgab, was es längst nicht mehr gibt). Ein pauschales Recht auf die gemeinsame Sorge hatte er nicht.

Ab 1979 gab es dann wichtige rechtliche Grundsatzentscheidungen. Anfang 1980 trat das Gesetz zur Neuregelung der elterlichen Sorge in Kraft. Die Evangelisches Zentralinstitut für Familienberatung Berlin gGmbH hält dazu in ihrem Internetauftritt fest:

> „Die Ächtung entwürdigender Erziehungsmaßnahmen (§ 1631 BGB seit 1980) und die Beteiligung der Kinder an den Sorgerechtsentscheidungen der Eltern, beziehungsweise die Berücksichtigung von Bindungen und Willen des Kindes bei der Regelung der elterlichen Sorge nach Scheidung (u. a. durch die Pflicht zur gerichtlichen Anhörung des Kindes) signalisierten einen Trend zur zunehmenden Rücksichtnahme auf die Subjektstellung des Kindes auch im Rahmen der Rechtsprechung."

Erst jetzt ein Trend zur zunehmenden Rücksichtnahme auf das Kind? Das zu diesem Zeitpunkt schon über 30 Jahre alte Grundgesetz gibt Familien Grundrechte, also auch direkt dem Kind. Doch erst jetzt wurden dessen Bindungen und Wille von den Gerichten tatsächlich berücksichtigt. Aber nicht ganz. Denn dieses Gesetz legte auch fest, dass es bei einer Scheidung automatisch zur alleinigen Sorge eines Elternteils kam. In den allermeisten Fällen war das die Mutter. Da die alleinige Sorge unter anderem bedeutet, mit dem Kind egal wohin umziehen zu können, war die nun neue Berücksichtigung von Bindungen und Wille des Kindes Makulatur, denn danach fragte in so einem Fall sicherlich niemand.

Zusätzlich bemerkenswert ist an diesem Gesetz, dass es eine Verschärfung herbeiführte. Vorher war die alleinige Sorge eines Elternteils nach Scheidung nämlich nur eine Soll-Regelung gewesen. In den

1970ern hatte es deshalb Fälle gegeben, in denen die Gerichte davon abwichen und die gemeinsame Sorge beschlossen.

Am 24.3.1981 fasste das Bundesverfassungsgericht dann einen Beschluss, der dem von 1969 – in dem die Diskriminierung der unehelichen Kinder verboten wurde – faktisch entgegenstand. Seine beiden Leitsätze lauten:

> „1. Es liegt innerhalb der Grenzen der Gestaltungsbefugnis des Gesetzgebers, daß er das minderjährige nichteheliche Kind allein der elterlichen Sorge der Mutter unterstellt hat (§ 1705 Satz 1 BGB); das gilt auch dann, wenn die Eltern eines nichtehelichen Kindes gemeinsam die mit der Pflege und Erziehung des Kindes verbundenen Aufgaben wahrnehmen und die Mutter die Mitübertragung des Sorgerechts auf den Vater wünscht.
>
> 2. Es ist auch mit dem Grundgesetz vereinbar, daß der Gesetzgeber das Bestimmungsrecht über den Umgang des nichtehelichen Vaters mit seinem nichtehelichen Kind auf den Sorgeberechtigten – in der Regel die Mutter – übertragen hat und das Vormundschaftsgericht dem Vater ein Umgangsrecht nur dann zusprechen kann, wenn es dem Wohle des Kindes dient (§ 1711 Abs. 1 Satz 1, Abs. 2 Satz 1 BGB)."

Das Gericht berief sich dabei auf das Gesetz von 1980, das diese alten Regelungen bestätigte. Der Stand war also: Wenn ein Paar sich scheiden lässt, muss laut Gesetz ein Elternteil (normalerweise der Vater) faktisch das Recht auf Erziehung seines Kindes verlieren, und ein unverheirateter Vater darf selbst dann nicht dieses Recht haben, wenn die Mutter das wünscht, wobei er nicht einmal ein eigenständiges Recht auf Kontakte mit seinem Kind hat, denn es wird nicht davon ausgegangen, dass diese Kontakte prinzipiell gut fürs Kindeswohl sind. Starker Tobak. Der Gerichtsbeschluss enthält den Hinweis, dass im Bundestag im Gesetzgebungsverfahren erörtert worden war, die rechtliche Stellung des unehelichen Vaters zumindest der des geschiedenen anzugleichen, das wurde aber verworfen. Er weist auch auf Fachtexte hin, in denen sowohl die sorgerechtliche als auch die umgangsrechtliche Diskriminierung der unverheirateten Väter als nicht verfassungskonform angesehen wurde.

In diesem Beschluss ging es um die Verfassungsbeschwerden dreier Väter. Zwei davon hatten keinen Kontakt zu ihren unehelich geborenen Kindern, weil die Mütter das verhinderten und die Jugendämter und Amtsgerichte entschieden hatten, dass der Kontakt nicht erzwungen werden sollte. Der dritte Vater aber lebte seit 1974 mit der Mutter des 1979 geborenen gemeinsamen Kindes zusammen, und die Mutter wollte auch, dass er die elterliche Sorge bekam – doch es war schlicht verboten.

Der damalige Bundesjustizminister gab in diesem Verfahren eine Stellungnahme ab, in der er die Rechtslage rechtfertigte. Das Gericht gibt ihn unter anderem so wieder:

> „Soweit die Eltern eines Kindes nicht eine auf Dauer angelegte eheliche Lebensgemeinschaft eingegangen seien, fehle gerade die Grundlage für eine am Wohl des Kindes ausgerichtete, zwischen Vater und Mutter ständig abgestimmte Ausübung elterlicher Verantwortung."

Es folgen mehrere unlogische Ausführungen, warum die Vorgaben von Artikel 6 des Grundgesetzes gewahrt seien, darunter:

> „Ein gemeinsames Sorgerecht begründe die Gefahr vielfältiger Konfliktsituationen und damit eine Herausforderung des Staates in seinem Wächteramt."

Kurios und mit einer Unterstellung hinsichtlich des Familienalltags – die in einem grundrechtlichen Argument völlig fehl am Platz ist – angereichert ist die Ansicht des Ministers:

> „Dem Vater werde das Sorgerecht nicht wegen seines Geschlechts vorenthalten; maßgeblich sei vielmehr, daß die Mutter mit der Geburt und in der ersten Lebenszeit des Kindes biologisch und emotional die ausschließliche Bezugsperson sei und mangels Präsenz des Vaters personaler Mittelpunkt des Kindes bleibe."

Er schafft es dann noch, die Besserstellung der mittlerweile geschiedenen Väter ehelich geborener Kinder gegenüber unverheirateten Vätern, die mit ihren Kindern zusammenleben, zu rechtfertigen.

Diese Ausführungen und der sie bestätigende Gerichtsbeschluss sind ein Paradebeispiel dafür, wie selbst die knapp formulierten Grundrechte, die eigentlich wenig Interpretationsspielraum lassen sollten, hochmoralisch und damit willkürlich umgesetzt werden. Das zeigt sich auch in der Urteilsbegründung. Dort ist zu lesen:

> „Artikel 6, Absatz 2 Grundgesetz geht von dem Regelfall aus, daß das Kind mit den durch die Ehe verbundenen Eltern in einer Familiengemeinschaft zusammenlebt, und Vater und Mutter das Kind gemeinsam pflegen und erziehen."

Diese Behauptung ist falsch, denn in besagtem Absatz steht weder etwas von Ehe noch von gemeinsamer Pflege und Erziehung. Das Gericht drückt dann ausführlich Wertschätzung für ein gedeihliches uneheliches Zusammenleben mit Kind aus, betont aber, dass die betreffenden Eltern sich „gegen eine rechtsverbindliche Ausgestaltung ihrer Beziehungen entschieden haben", und das rechtfertige ihre Diskriminierung, denn da habe der Gesetzgeber eine „Gestaltungsbefugnis".

Der Gerichtsbeschluss hält noch fest:

> „Der Gesetzgeber hat den Vater des nichtehelichen Kindes nicht schlechthin von der elterlichen Sorge ausgeschlossen; denn für ihn besteht die Möglichkeit, das Kind zu legitimieren oder zu adoptieren."

Was mit legitimieren gemeint ist, führt an dieser Stelle zu weit (das ist auch längst nicht mehr die Rechtslage); mit der Adoption durch den Vater jedenfalls erlitt das Kind sofort einen anderen Verlust, denn dadurch, so das Gericht, „erlischt das Verwandtschaftsverhältnis zu seinen bisherigen Verwandten, also auch zu seiner Mutter". Das Kind hatte dann also, rechtlich gesehen, weiterhin nur einen Elternteil.

Der neue Zwang im 1980 in Kraft getretenen Gesetz, bei Scheidung einem Elternteil die elterliche Sorge zu nehmen, führte zu bemerkenswertem Widerstand: Vier Amtsgerichte reichten Fälle von Paaren, die nach der Scheidung weiterhin die gemeinsame elterliche Sorge ausüben wollten, direkt ans Bundesverfassungsgericht weiter, weil sie Zweifel an der Grundrechtskonformität der neuen Regelung hatten. Mit Beschluss vom 3.11.1982 schloss sich das Verfassungsgericht dieser Sichtweise an und erklärte diese Regelung für verfassungswidrig.

Der langjährige Familienrichter Jürgen Rudolph schreibt dazu in seinem 2007 erschienenen Buch *Du bist mein Kind*: „Damit fanden zum ersten Mal Aspekte der Kindesinteressen eine Berücksichtigung."

Nach 33 Jahren Gültigkeit des Grundgesetzes! Jetzt erst „Aspekte" des Kindeswohls! Es mag überraschen, dass Rudolph bei diesem Elternthema das Kindeswohl im Vordergrund sieht. Aber er vertritt die Überzeugung, dass „Elternverantwortung" der zentrale Begriff sein sollte, und dass ein Kind die Verantwortung beider Eltern braucht (solange beide gut zu ihm sind).

In diesem erst mal löblichen Beschluss von 1982 zu Scheidungsfamilien führte das Bundesverfassungsgericht die falsche Grundrechtsrabulistik aber in einem anderen Punkt weiter. Laut Almuth Zempel verweigerte es weiterhin die gemeinsame elterliche Sorge bei von vornherein nichtehelichen Familien

> „mit der Begründung, die Eltern würden sich bewusst gegen die Ehe entscheiden. Eine weitere Begründung, insbesondere, was die Entscheidung für oder gegen die Ehe mit dem Sorgerecht für Kinder zu tun hat, wird in dieser Entscheidung nicht gegeben. Das Gericht erklärt ausdrücklich, der Gesetzgeber sei jedenfalls nicht von Verfassungs wegen gehalten, eine Regelung zu schaffen, die die Möglichkeit eines gemeinsamen Sorgerechts für nichteheliche Eltern eröffnet."

Das entspricht nicht dem Buchstaben des Grundgesetzes, denn das sieht keine Sonderregelung für unverheiratete Eltern vor, sondern spricht allen Eltern „das natürliche Recht" auf die Erziehung ihrer Kinder zu. Diese Formulierung ist wichtig. So hatte das Bundesverfassungsgericht neun Monate davor, am 9.2.1982, in einem Fall, in dem es um etwas ganz anderes ging (nämlich „die Schweigepflicht von Schülerberatern gegenüber Erziehungsberechtigten und die Mitwirkungsmöglichkeiten der Erziehungsberechtigten in den öffentlichen Schulen") geurteilt:

> „Artikel 6, Absatz 2, Satz 1 Grundgesetz garantiert den Eltern das Recht auf Pflege und Erziehung ihrer Kinder. Die Erziehung des Kindes ist damit primär in die Verantwortung der Eltern gelegt, wobei dieses 'natürliche Recht' den Eltern nicht vom Staate verliehen worden ist, sondern von diesem als vorgegebenes Recht anerkannt wird. Die Eltern können grundsätzlich frei von

> staatlichen Einflüssen und Eingriffen nach eigenen Vorstellungen darüber entscheiden, wie sie die Pflege und Erziehung ihrer Kinder gestalten und damit ihrer Elternverantwortung gerecht werden wollen. Das Elternrecht unterscheidet sich von den anderen Freiheitsrechten des Grundrechtskatalogs wesentlich dadurch, daß es keine Freiheit im Sinne einer Selbstbestimmung der Eltern, sondern zum Schutze des Kindes gewährt. Es beruht auf dem Grundgedanken, daß in aller Regel Eltern das Wohl des Kindes mehr am Herzen liegt als irgendeiner anderen Person oder Institution. Das Elternrecht ist Freiheitsrecht im Verhältnis zum Staat, der in das Erziehungsrecht der Eltern grundsätzlich nur eingreifen darf, wenn das dem Staat nach Artikel 6, Absatz 2, Satz 2 Grundgesetz zukommende Wächteramt dies gebietet."

Es gibt also ein natürliches Recht, das ein Abwehrrecht gegenüber dem Staat begründet. Von Ehe ist da nicht die Rede, sondern ein natürliches Recht haben erst mal alle biologischen Eltern (die sich auch um ihr Kind kümmern). Und dieses Recht erlaubt den Eltern in der Formulierung des Verfassungsgerichts, frei zu „entscheiden, wie sie die Pflege und Erziehung ihrer Kinder gestalten" – damit ist auch ein uneheliches Aufziehen der Kinder geschützt, sogar eines in getrennten Haushalten.

Es dauerte bis 1991, bis das Bundesverfassungsgericht das begriff und die gemeinsame elterliche Sorge auch für unverheiratete Eltern erlaubte. Es hielt fest, dass die damalige Rechtslage sowohl gegen Absatz 2 als auch gegen Absatz 5 von Artikel 6 des Grundgesetzes verstieß.

Noch länger dauerte es, bis der Bundestag den Auftrag umsetzte, den das Bundesverfassungsgericht ihm im erwähnten Beschluss von 1982 gegeben hatte. Erst am 1.7.1998 trat die Kindschaftsrechtsreform in Kraft, die die rechtliche Ungleichstellung von ehelichen und unehelichen Kindern weitgehend beendete, indem die gemeinsame elterliche Sorge sowohl geschiedener als auch von vornherein unverheirateter Paare erlaubt wurde. Und erst mit dieser Gesetzesreform wurde in §1684 BGB erstmals ein eigenständiges Recht des Kindes auf Umgang mit beiden Elternteilen festgeschrieben. Auch das war eigentlich nur die Umsetzung der Absätze 1 und 5 von Artikel 6 des Grundgesetzes. Hingegen mussten unverheiratete Väter bis 1970 sogar nachweisen, dass der Umgang der Kinder mit ihnen deren Wohl diente. Heute wird erst mal davon ausgegangen, dass Umgang und elterliche Sorge des

Vaters kindeswohldienlich sind, und ihm werden erst Steine in den Weg gelegt, wenn Zweifel daran aufkommen. Die herrschende Moral in den ersten fast 50 Jahren BRD funktionierte andersherum. Aufs Grundgesetz konnte sie sich eigentlich nicht stützen.

Der Rechtsanwalt, Publizist und ehemalige Bundesregierungsexperte sowie Hochschuldozent Rudolf von Bracken schreibt in seinem Buch *Kinderrechte. Ein Handbuch für die Praxis der Sozialen Arbeit* dazu:

> „Seit 1998 ist das Kind nicht mehr Objekt eines Besitzanspruchs, eines Anspruchs auf Zusammensein des betreffenden Elternteils mit ihm, sondern es ist Subjekt, selbst Anspruchsinhaber. Zur Erinnerung: Nach Artikel 1, Absatz 1 Grundgesetz ist die Würde des Menschen unantastbar. Kein Mensch darf danach lediglich Objekt eines staatlichen Verfahrens, einer staatlichen Behandlung sein. Das gilt (inzwischen) auch für Kinder!"

Fast 50 Jahre hatte es also gedauert, bis der allerheiligste Grundsatz des Grundgesetzes auch in der Familiengerichtspraxis – also bei Leuten, deren Berufsalltag es eigentlich sein sollte, sich für Kinderrechte einzusetzen – auf Kinder angewendet wurde.

Doch die Gleichstellung der ehelichen und unehelichen Familien war immer noch nicht erreicht. Almuth Zempel zeigt mit Literaturhinweisen, dass es schon angesichts der 1998 in Kraft getretenen Gesetzesreform im Fachdiskurs Kritik an der Unmöglichkeit für unverheiratete Väter gab, die gemeinsame elterliche Sorge zu erzwingen. Das Gesetz sah nun nämlich nur die gemeinsame Sorge vor, wenn die Mutter zustimmte. Zempel erwähnt einen Beschluss des Bundesgerichtshofs vom 4.4.2001:

> „Er führte aus, dass es gerade dem Willen des Gesetzgebers entspräche, eine bewusst starke Stellung der Mutter des nichtehelichen Kindes zu konstruieren."

Das habe der BGH für grundgesetzkonform gehalten, denn:

> „Bei ehelichen Kindern sei durch die Eheschließung der Wille dokumentiert, gemeinsam für die Kinder da zu sein. An dieser Dokumentation fehle es bei den nichtehelichen Kindern."

Das ist nun besonders bemerkenswerter Schwachsinn: Ein Grundrecht wird nur denjenigen Menschen zugestanden, die dokumentiert haben, dass sie vernünftig damit umgehen werden. Wie wäre es, wenn jemand vor der Gründung einer Zeitung erst mal dokumentieren müsste, dass er nie etwas Verfassungswidriges darin veröffentlichen wird? Oder vor Erlangung des Führerscheins, dass er nie auf leichtsinnige Weise Auto fahren wird? Niemand würde das akzeptieren, allein schon, weil eine „Dokumentation" im Voraus unmöglich ist – aber im Familienrecht geht so etwas, denn da regieren eben nicht Grundrechte, sondern moralische Vorstellungen. Und die vernebeln die Sicht, wie Zempel festhält:

> „Einen Verstoß gegen Artikel 6, Absatz 5 Grundgesetz sowie gegen Artikel 8 Europäische Menschenrechtskonvention vermochte der BGH nicht zu erkennen."

Das Bundesverfassungsgericht verpflichtete in einem Beschluss vom 29.1.2003 zwar den Gesetzgeber, „die tatsächliche Entwicklung zu beobachten und zu prüfen, ob seine Annahme auch vor der Wirklichkeit Bestand hat", bestätigte aber die auch vom Bundesgerichtshof vertretene Rechtsauffassung – beziehungsweise „Annahme" –, dass bei Unverheirateten die gemeinsame elterliche Sorge nur bei Konsens der Eltern gut für das Kind sei. Sprich: Ein unverheirateter Vater hatte weiterhin kein eigenes Recht, die elterliche Sorge zu erlangen.

Der Europäische Gerichtshof für Menschenrechte sah 2009 sehr wohl den Verstoß gegen die Europäische Menschenrechtskonvention, den der BGH 2001 noch verneint hatte. Er kann Länder bestrafen, wenn sie die Konvention nicht richtig umsetzen. Der Vater Horst Zaunegger verklagte die Bundesregierung erfolgreich, so dass nun ab Dezember 2009 galt: § 1626a BGB verstieß teilweise gegen die Artikel 14 und 8 der Konvention. Daraufhin fasste das Bundesverfassungsgericht einen, so Zempel, „Beschluss, der erneut den Bundesgesetzgeber in die Verlegenheit brachte, sich zur Schaffung grundrechtsgemäßer Gesetze mahnen lassen zu müssen".

Das Gericht hielt das Problem für so gewichtig, dass es selbst mit Beschluss vom 21.7.2010 eine Regelung erließ. Der Bundestag verabschiedete das nötige Gesetz erst 2013.

Seit 2010 können unverheiratete Väter per Gerichtsantrag auch gegen den Willen der Mütter die gemeinsame elterliche Sorge erhalten, wenn das zuständige Gericht nicht den Eindruck hat, dass das dem Kindeswohl schaden würde (typischerweise, weil die Elternkonflikte sich durch die gegenseitige Abhängigkeit und den Zwang, sich bei grundsätzlichen Entscheidungen für das Kind zu einigen, verschärfen würden). Auch hier also wieder: 60 Jahre nach der Verabschiedung des Grundgesetzes musste ein europäisches Gericht etwas erzwingen, was eigentlich schon im Grundgesetz angelegt war. Uneheliche Kinder und unverheiratete Väter wurden von der viel zitierten freiheitlich-demokratischen Rechtsordnung bis in die 2000er-Jahre diskriminiert – und sie werden es weiterhin, denn den Vätern kann weiterhin die elterliche Sorge vorenthalten werden (worauf ich noch ausführlich eingehen werde).

Interessant ist an der Geschichte des deutschen Kindschaftsrechts, dass die geschilderten dauerhaften Verfassungsbrüche in der BRD viel stärker als in der DDR vorlagen. Almuth Zempel stellt in ihrem Buch die Entwicklung des Sorgerechts in der BRD auf 13 Seiten dar. Für die Rechtslage in der DDR genügt ihr eine halbe Seite. Der Grund:

> „In Artikel 33 der Verfassung der DDR war klargestellt, dass außereheliche Geburt weder dem Kind, noch seinen Eltern zum Nachteil gereichen darf. Diese Programmatik wurde schnell in den einfachen Gesetzen umgesetzt."

Zwar waren unverheiratete Väter auch in der DDR schlechtergestellt. Aber der Vergleich der beiden deutschen Staaten, die im Grunde das gleiche Diskriminierungsverbot bezüglich unehelicher Kinder in ihren Verfassungen stehen hatten, zeigt, dass die bürgerliche Moral bisweilen massiv verfassungswidrig ist.

--●--

Nun ist also die gemeinsame elterliche Sorge auch gegen den Willen eines Elternteils möglich. Die gesetzliche Grundlage dafür, § 1626a BGB, ist aber schwach:

> Das Familiengericht überträgt auf Antrag eines Elternteils die elterliche Sorge beiden Eltern gemeinsam, wenn die Übertragung dem Kindeswohl nicht widerspricht. Trägt der andere Elternteil keine Gründe vor, die der Übertragung der gemeinsamen elterlichen Sorge entgegenstehen können, und sind solche Gründe

> auch sonst nicht ersichtlich, wird vermutet, dass die gemeinsame elterliche Sorge dem Kindeswohl nicht widerspricht.

Diese Regelung entspricht nicht einem Denken in Grundrechten. Der Sinn von Grundrechten ist es, fundamental wichtige Dinge erst mal allen Menschen (oder zumindest Staatsangehörigen) zuzugestehen. Das hat schon den arbeitsökonomischen Vorteil für den Staat, dass er nicht ständig Anträge bearbeiten muss, mit denen die Bevölkerung um die Erlaubnis von Selbstverständlichkeiten bittet. Vor allem aber geht es dabei um die viel zitierte Menschenwürde, mit der wir gemeinhin gewisse Rechte verbinden: die sogenannten Bürgerrechte, eine Errungenschaft der Gesellschaft gerade gegen den Staat. Der Standard soll also sein, dass wir eine ganze Reihe Rechte bekommen, auch solche, die uns nicht wirklich wichtig sind – schließlich hat beispielsweise kaum jemand schon mal ernsthaft darüber nachgedacht, eine Zeitung herauszugeben. Es gibt eine Grundausstattung an Rechten, die für alle gleich ist. Falls sich aber zeigt, dass jemand so ein Recht missbraucht, kann es ihm unter bestimmten Bedingungen entzogen werden. Der Staat kann sogar Menschen entmündigen und in eine geschlossene Psychiatrie sperren.

Bei solchen Grundrechtseinschränkungen kann es seitens der dafür Zuständigen zu Irrtümern, Fehlleistungen und bewusstem Missbrauch kommen. Um dem vorzubeugen, ist es der richtige Ansatz, Grundrechte erst mal pauschal allen Menschen zu geben, und dabei – siehe § 1626a – in Bezug auf jede Einzelperson zu „vermuten“, dass das schon in Ordnung gehen wird. Da klar ist, dass das nicht in jedem Fall zutreffen wird, behält sich der Staat das Recht vor, jemandem ein Grundrecht wieder wegzunehmen. Zunächst aber sollen die Grundrechte vernünftigerweise nicht von Behördenhandeln abhängig sein.

In Bezug auf unverheiratete Väter wird dieser Ansatz nicht verfolgt. Früher waren sie in Sachen elterlicher Sorge rechtlos, heute haben sie ein Recht auf ein Recht – sie haben dieses Recht nicht automatisch, wie es bei Grundrechten eigentlich üblich ist. In § 1626a wird ihnen nicht einfach so vertraut, wie allen anderen Menschen bei der Gewährung der allgemeinen Grundrechte wohlwollend vertraut wird, sondern da geschieht das nur unter einer Bedingung: wenn keine Gründe ersichtlich sind, die dagegen sprechen. Das entspricht nicht dem Buchstaben des Grundgesetzes.

Grundrechte sollen unabhängig von irgendwelchen Zufällen oder auch vorübergehenden Umständen sein. Wenn ein frisch gebackener unverheirateter Vater gerade zu dieser Zeit in einer grundsätzlich misslichen Lage ist – etwa wegen eines Todesfalls in der Familie, einer beruflichen Krise, eines großen Geldverlustes –, dann kann das zusammen mit der zusätzlichen Belastung durch das Baby und die Probleme mit dessen Mutter (wir sprechen ja von einer Konfliktsituation, die vor Gericht landet) zu einer psychischen Krise führen, wegen der er als nicht widerstandsfähig und kompetent genug eingeschätzt wird, die elterliche Sorge verantwortungsvoll gemeinsam mit der Mutter auszuüben. Die Familiengerichtsbarkeit kannte ihn früher nicht und weiß nicht, wie es ihm zukünftig gehen wird, sondern sieht nur einen womöglich zeitlich und emotional überforderten sowie übernächtigten Menschen mit Verdacht auf depressive Tendenzen – und vermutet deshalb, dass es besser für das Kind ist, wenn dieser Vater nicht alle verfassungsmäßigen Grundrechte hat.

Wie unsinnig das ist, zeigt sich schon daran, dass ein verheirateter Vater es erst mal nicht zu fürchten braucht, dass jemand der Polizei meldet: „Ich kenne da einen Vater, der einfach so und gegen den Willen der Mutter die gemeinsame elterliche Sorge für das Neugeborene kriegt, obwohl er in letzter Zeit übernächtigt und ziemlich depressiv wirkt, manchmal sogar schwer alkoholisiert. Generell ist er eher unzuverlässig und von Kindern hat der sowieso keine Ahnung." Ab einer bestimmten Schwere der Vorwürfe wird das Jugendamt die Familie besuchen, aber für einen Sorgerechtsentzug muss eine nachhaltige Kindeswohlgefährdung vorliegen.

Es ist prinzipiell so: Um jemandem ein Grundrecht abzuerkennen, muss Schwerwiegendes passiert sein. Einem unverheirateten Vater sein Grundrecht auf Pflege und Erziehung seines Kindes vorzuenthalten, ist hingegen leichter, denn eine widerwillige Mutter kann die gemeinsame elterliche Sorge faktisch verhindern, und „sorgeberechtigt" ist gleichbedeutend mit „erziehungsberechtigt". Wenn sie ständig für großen Streit sorgt, auch in Anwesenheit des Kindes, ist das zuständige Gericht eventuell geneigt, zu sagen: Egal, wie und warum es zu diesen heftigen Auseinandersetzungen kommt – sie sind schlecht für das Kind und müssen verhindert werden. Selbst wenn offensichtlich ist, dass die Mutter unnötige Konflikte herbeiführt, kommt es vor, dass das

Gericht die gemeinsame Sorge verweigert, beziehungsweise abschafft, um keine weiteren Anlässe für Streit zu schaffen (ob das realistisch ist, ist eine andere Frage). Bei Ehepaaren gibt es solche Erwägungen hingegen nicht. Solange niemand auf Kindeswohlgefährdungen in einer Familie mit verheirateten Eltern hinweist, mischt sich der Staat da nicht ein. Es ist wohl ein Überbleibsel des spießbürgerlichen Abscheus vor unverheirateten Eltern, dass die Anforderungen an sie noch immer höher sind.

So ist Absatz 5 von Artikel 6 des Grundgesetzes, der die Schlechterstellung unehelicher Kinder verbietet, noch immer nicht ganz in der Gesetzeslage verwirklicht. Wenn wir vom Grundrecht des Kindes ausgehen, zeigt sich, wie haltlos § 1626a BGB ist. Dieser Paragraf geht offensichtlich von der Prämisse aus: Entweder es kommt bei der Alleinsorge der Mutter zu weniger nennenswerten Konflikten mit dem Vater, oder die Konflikte werden dann mit geringerer Wahrscheinlichkeit zum Schaden des Kindes ausgetragen. Das ist aber Unsinn, denn familiäre Konflikte hängen sehr oft nicht von der Rechtslage ab. Die Art und Weise der unmittelbaren Kommunikation über den Konflikt hängt ebenfalls nicht von der Rechtslage ab, sondern vom Charakter oder der momentanen Laune der Beteiligten. Ein Vater, der die gemeinsame Sorge hat, wird nicht deshalb den Konflikt mit der Mutter auf eine Weise austragen, die das Kind verschont, und ein Vater, der die elterliche Sorge nicht hat, wird deswegen nicht davon absehen, den Konflikt auf eine für das Kind schädliche Weise auszutragen.

Hingegen besteht für das Kind ein unmittelbares und immenses Risiko, solange die Mutter die Alleinsorge ausübt, denn dann gibt es erst mal kein Korrektiv gegen sie. Das ist umso heikler, als die Mutter nicht darauf geprüft worden ist, ob sie mit der Alleinsorge vernünftig umgehen wird. Der Staat hat bei allen Grundrechten die Möglichkeit, sie jemandem zu entziehen, der sie auf eine Weise ausnutzt, dass ein Grundrecht eines anderen Menschen verletzt wird. Wenn es bei gleichberechtigten Eltern zu Konflikten kommt, die das Kindeswohl beeinträchtigen, kann der Staat schnell etwas dagegen tun. Bei Gefahr im Verzug darf das Jugendamt sogar ohne Gerichtsbeschluss die Kinder den Eltern (oder einem von beiden) wegnehmen, und die Polizei darf bei einer Gewaltschutzanzeige sofort einen Elternteil aus der gemeinsamen Wohnung verweisen. Wenn hingegen die allein sorgeberechtigte

Mutter ihr Privileg zum Schaden des Kindes ausnutzt, indem sie dem Vater für eine gewisse Zeit komplett oder weitestgehend den Kontakt zu ihm verweigert, oder indem sie sogar wegzieht, ohne den neuen Lebensort zu nennen, dann kann der Staat kaum noch oder nur verspätet intervenieren. Vor allem, wenn das Kind zu Beginn seines Lebens keine gute Beziehung zum Vater aufbauen kann, hat das oft langfristige und massiv einschneidende Konsequenzen für das Leben beider. Ein weiteres Risiko für das Kind besteht in Sachen medizinischen Behandlungen, wenn die Mutter da ohne Korrektiv entscheiden darf. Vom Kind her gedacht ist es also einfach: Die Gleichberechtigung des Vaters bedeutet kein zusätzliches Risiko, die Entrechtung des Vaters hingegen schon, und zwar in unabsehbarem Ausmaß. Somit ist Absatz 5 von Artikel 6 des Grundgesetzes noch immer nicht ganz erfüllt, denn das uneheliche Kind ist schlechtergestellt.

Übrigens halte ich es sogar für wahrscheinlicher, dass bei der Alleinsorge der Mutter mehr oder größere Konflikte entstehen, falls der Vater sich möglichst viel um das Kind kümmern will. Wenn beide Eltern gleichberechtigt sind, wissen beide, dass sie ihre Wünsche für grundsätzliche Entscheidungen bezüglich des Kindes nur auf zwei Weisen gegen den Anderen durchsetzen können: Entweder sie gehen deshalb vor Gericht, oder sie setzen den besagten Wunsch eigenmächtig um und machen sich damit eventuell strafbar. Da viele Menschen beides erst mal nicht wollen, zwingt die Gleichberechtigung sie zur Suche nach alternativen Lösungen. Das ist einer der fundamentalen Zwecke von Gleichberechtigung: Konflikte zu kanalisieren (die Streitparteien können vor Gericht gehen) und damit potenziell zu deeskalieren. Wenn hingegen die Mutter machen darf, was sie will, ist das Risiko erhöht, dass sie irgendetwas durchzieht und für großen Unmut beim Vater sorgt, der vor vollendete Tatsachen gestellt wird.

Solche logischen Überlegungen sind wichtig, da empirische Studien diese Sachverhalte kaum gut darstellen können. Ich beziehe mich auf Paare, bei denen sich beide relativ viel um die Kinder kümmern wollen. Es gibt Menschen, die von vornherein aus welchem guten oder schlechten Grund auch immer die Nebenrolle als Elternteil zweiter Klasse akzeptieren, wodurch das Konfliktrisiko sinkt. Und es gibt Mütter mit Alleinsorgerecht, bei denen sich der Vater verzogen hat. Wenn wir also nur zählen, wie Häufigkeit und Ausmaß von Konflikten mit der Sorgerechtslage korrelieren, werden unterschiedliche Szenarien vermischt. Und da, wo es Konflikte bei Alleinsorge gibt, wissen wir nicht, ob es sie auch bei gemeinsamer Sorge gegeben hätte.

In einem hier relevanten Punkt gibt es aber sehr wohl empirische Erkenntnisse, die gegen die Schlechterstellung der unverheirateten Väter gegenüber den Müttern sprechen, und zwar die Erkenntnisse zur Verbreitung psychischer Störungen. Es ist an dieser Stelle unnötig, konkrete Zahlen in Bezug auf die ganze Bevölkerung zu nennen, denn klar ist: Es steht dem Grundgedanken von Kinderrechten entgegen, einem Elternteil ohne nähere Prüfung so eine pauschale Verfügungsgewalt über Kinder zuzuweisen, die ihre Bedürfnisse noch nicht einmal artikulieren können. Noch klarer wird das angesichts der Erkenntnisse zur sogenannten Wochenbettdepression, die ein nicht unerheblicher Teil der Mütter in Deutschland erleidet. Laut dem vom Verband der privaten Krankenkassen unterhaltenen Informationsportal *www.stiftung-gesundheitswissen.de* sind davon acht Prozent der Mütter betroffen, bei denen vorher keine „psychische Erkrankung“ festgestellt wurde. Das *Deutsche Ärzteblatt* veröffentlichte am 6.9.2018 einen Artikel mit der Überschrift: „Wochenbettdepressionen betreffen bis zu 15 Prozent der werdenden Mütter“, der wie folgt beginnt:

> „Wochenbettdepression nicht auf die leichte Schulter zu nehmen, mahnt die Deutsche Gesellschaft für Psychosomatische Medizin und Ärztliche Psychotherapie. Zehn bis 15 Prozent der Frauen litten während der Schwangerschaft oder nach der Geburt unter einer ernstzunehmenden Depression, mit negativen Auswirkungen für Mutter und Kind.“

Solange der Staat unverheirateten Müttern von Kleinkindern trotz dieses Risikos für psychische Probleme die sofortige alleinige Sorge zuspricht, obwohl ihm die dazugehörigen Väter bekannt sind, ist er ein struktureller Kindeswohlgefährder. Er ist das umso mehr, wenn er sogar in laufenden Sorgerechtsstreitigkeiten beliebige Umzüge der Mutter mit dem Kind erlaubt, ohne ihr für die Vater-Kind-Treffen die Hol- und Bringpflicht aufzuerlegen, denn so ist nicht garantiert, dass das Kind nach dem Umzug noch angemessenen Kontakt zu seinem Vater hat. Für den Vater kann die Entfernung und die Pflicht, das Kind zu holen und zurückzubringen, ein fundamentales, kaum lösbares Problem darstellen, siehe das in Kapitel 2.1 beschriebene Projekt *Kindwärts*. Durch dieses strukturelle Risiko – das, empirisch belegt, oft Wirklichkeit wird – werden ganz grundsätzlich uneheliche Kinder in einem Ausmaß schlechter als eheliche gestellt, das gegen Artikel 6, Absatz 5 Grundgesetz verstößt.

Es gibt tatsächlich eine Studie, die zu diesen Themen einen substanziellen Beitrag geleistet hat: die sogenannte Proksch-Studie von 2002, die ich im ersten Kapitel erwähnt habe (weil sie erschreckende Zahlen zu Kontaktabbrüchen erbrachte). Nachdem 1998 die große Kindschaftsrechtsreform in Kraft getreten war, schrieb das Bundesjustizministerium eine umfassende Evaluierungsstudie aus, mit der dann der Juraprofessor Roland Proksch beauftragt wurde. Das Forschungsdesign kann geradezu bombastisch genannt werden. Nicht nur war die Liste der zu behandelnden Fragen lang, sondern vor allem war die Datengrundlage einzigartig. Kontaktiert wurden alle Eltern, deren Ehen im ersten Quartal 1999 geschieden worden waren. Aufgrund des Datenschutzes durften nur die Gerichte die Eltern anschreiben – alle deutschen Familiengerichte machten also mit. Von den 38.000 so kontaktierten Eltern schickte ein Fünftel den Fragebogen zurück, was Proksch als gute Rücklaufquote ansah. Dem ist zuzustimmen, denn der Fragebogen umfasste über 100 Fragen, das Ausfüllen war also mit einigem Aufwand verbunden. Nach anderthalb Jahren wurden dieselben Eltern nochmal zu ihrer Lage und ihren Gefühlen befragt. Da machten dann noch 40 Prozent der zunächst Teilnehmenden mit, was ebenfalls zufriedenstellend war. Zusätzlich wurden laut dem Abschlussbericht der Studie „809 Richter/innen, 904 Rechtsanwält/innen und 301 Jugendämter" befragt. Das Fazit zur Datengrundlage:

> „Damit stehen in Deutschland erstmals umfassende, repräsentative Informationen von allen maßgeblichen Eltern-/Scheidungsgruppen (gemeinsame/alleinige elterliche Sorge, hauptbetreuende/umgangsberechtigte Mütter und Väter) auch zum spezifischen Vergleich der Sorgegruppen untereinander wie innerhalb der jeweiligen Sorgegruppen zur Verfügung."

Als Erkenntnis wird im Abschlussbericht wiederholt benannt, dass die Vorteile der gemeinsamen elterlichen Sorge sehr deutlich sind: Diese Eltern waren zufriedener mit ihrer Lebenssituation, kommunizierten besser miteinander, gewährten den Kindern besser den Kontakt zum jeweils anderen Elternteil, hatten weniger Bedarf nach Beratung durch das Jugendamt, gingen seltener vor Gericht, und auch die Unterhaltszahlungen wurden häufiger geleistet.

Nun ist da ein Einwand angebracht: Da die gemeinsame elterliche Sorge damals nur einvernehmlich zustande kommen konnte, ist es naheliegend, dass die Eltern, die sich darauf einigen konnten, auch sonst besser miteinander umgingen als die anderen. Dem hielt Proksch entgegen, dass es sozusagen eine Zwischengruppe gab: die Paare, bei denen einer versucht hatte, vor Gericht die alleinige Sorge zu erlangen, aber gescheitert war, weil das Gericht lieber die gemeinsame Sorge beließ. Diese Paare lebten also mit erzwungener gemeinsamer Sorge. Ihre Werte in der Erhebung waren regelmäßig weniger gut als die der anderen Paare mit gemeinsamer Sorge, aber besser als bei den Paaren, wo nur ein Elternteil sorgeberechtigt war. Proksch spricht der gemeinsamen elterlichen Sorge (geS) eine befriedende Wirkung zu:

> „Bedenken und Vorbehalte, wie sie noch immer gegen die geS geäußert werden, greifen aus der Sicht des Kindes mindestens dann zu kurz, wenn sie nicht gleichzeitig die erheblichen Defizite in den Beziehungen von Eltern mit aeS [alleinige elterliche Sorge; RH] und dieser Eltern zu ihren Kindern thematisieren. Zwar ist richtig, dass die geS die Fähigkeit und den Willen der Eltern zur Kommunikation und Kooperation braucht. Vernachlässigt wird bei dieser Focussierung auf die geS jedoch, dass auch Eltern mit aeS / ohne elterliche Sorge diese Fähigkeit haben müssen, insbesondere, wenn es um die Regelungen von Umgangskontakten, der wechselseitigen Information über die persönlichen Verhältnisse des Kindes oder Unterhaltsleistungen geht. Während jedoch die geS die Kooperation und Kommunikation von Eltern strukturell fördert, fehlt dies bei der aeS."

Angesichts der auch heute noch oft geäußerten Ablehnung der geS für Eltern, die immer wieder Meinungsverschiedenheiten bezüglich ihres Kindes haben, ist im Abschlussbericht festgehalten:

> „Nach den Befragungsergebnissen spricht viel für die Annahme, dass die Regelung von Umgangskontakten durch Eltern mit aeS / ohne eS ein größeres Konfliktpotential birgt als die Notwen-

digkeit der gemeinsamen Regelung von Kindesangelegenheiten durch Eltern mit geS."

Eltern ohne gemeinsame Sorge tendierten demnach „zur wechselseitigen Ausgrenzung". Das ist eine etwas schiefe Formulierung, denn der benachteiligte Elternteil kann den anderen sehr viel weniger ausgrenzen als umgekehrt. Das wird auch aus folgenden Feststellungen klar:

> „Der hauptbetreuende Elternteil erfüllt oft nicht die Umgangsansprüche des umgangsberechtigten Elternteils. Dies führt zu Konflikten, insbesondere bei Eltern mit aeS. Die gegenwärtige Verfahrenspraxis, insbesondere auch der Zwangsvollstreckung, stützt dabei weniger das Recht des Kindes auf Umgang, als vielmehr die Interessen des widerstreitenden Elternteils. (...)
>
> Die aeS führt in hohem Maß zur Ausgrenzung des umgangsberechtigten Elternteils. Insbesondere Eltern mit aeS / ohne eS erleben untereinander ein erhebliches Spannungsverhältnis. Der sehr hohen Zufriedenheit des alleinsorgeberechtigten, hauptbetreuenden Elternteils mit der Alleinsorge sowie mit den (defizitären) Umgangsregelungen steht eine sehr hohe Unzufriedenheit des nicht sorgeberechtigten, umgangsberechtigten Elternteils gegenüber. Der Kontaktabbruch der Kinder zum umgangsberechtigten Elternteil ist bei Eltern mit aeS erheblich. Dies alles ist offenbar konfliktverschärfend. (...) Bei Eltern mit geS ist dieses Spannungsverhältnis nicht vorhanden."

Gefunden habe ich diese 2002 veröffentlichte Studie übrigens unter *www.kindeswohlundumgangsrecht.de*. Dieser vom Väter- und Kinderrechtler Markus Witt unterhaltene Internetauftritt dient der Aufklärung über den Umgang des Familienministeriums mit einer großen, von ihm selbst beauftragten Studie, die es dann aber manipulierte und zunächst selbst dann nicht veröffentlichen wollte, als das Berliner Verwaltungsgericht das verlangte. Erst nach der Niederlage des Ministeriums auch in zweiter Instanz wurde die 2014 erstmals angekündigte und 2019 fertiggestellte Studie 2023 veröffentlicht. Als Grund für dieses jahrelange skandalöse Verhalten – das auch hin und wieder im Bundestag und in Zeitungen kritisiert wurde – darf angenommen werden, dass die Studie Ergebnisse erbrachte, die der Ministeriumsspitze missfielen. Witt hat die Proksch-Studie in diesem Zusammenhang veröffentlicht, weil sie ihm zufolge erstens nicht mehr öffentlich verfügbar war, und zweitens nach Erscheinen ähnlich unter der Decke gehalten worden war wie die aktuellere Studie, deren Veröffentlichung eingeklagt werden musste. Das Familienministerium ist seit langem dafür bekannt, besonders die Interessen von Eltern – typischerweise Müttern – zu vertreten, die ihre Kinder alleine erziehen wollen.

--•--

Wichtig zum Verständnis der aktuellen sowie der früheren Diskussion um die Gleichstellung unverheirateter Väter ist der erwähnte historische Beschluss des Bundesverfassungsgerichts von 2010, in dem als Reaktion auf die Rechtsprechung des Europäischen Gerichtshofs für Menschenrechte die Unmöglichkeit der Erlangung der elterlichen Sorge ohne Zustimmung der Mutter für verfassungswidrig erklärt wurde. In seiner Pressemitteilung dazu schrieb das Gericht:

> „Bereits im Jahr 2003 wies das Bundesverfassungsgericht darauf hin, dass § 1626a, Absatz 1, Nr. 1 BGB sich dann als unvereinbar mit dem Elternrecht des Vaters aus Artikel 6, Absatz 2 Grundgesetz erweisen würde, wenn sich herausstellen sollte, dass es – entgegen der Annahme des Gesetzgebers – in größerer Anzahl aus Gründen, die nicht vom Kindeswohl getragen sind, nicht zur gemeinsamen Sorgetragung von Eltern nichtehelicher Kinder kommt. Dem Gesetzgeber wurde ein entsprechender Prüfungsauftrag erteilt."

Da in der Hinsicht zu wenig passiert war, war nun wieder das höchste deutsche Gericht mit der Materie befasst, und diesmal war die Datenlage offenbar anders als beim erwähnten Beschluss von 2003. In der Pressemitteilung ist von „neueren empirischen Erkenntnissen" die Rede, denen zufolge sich die besagte Annahme des Gesetzgebers als falsch erwiesen habe. Die Weigerung von Müttern, der gemeinsamen elterlichen Sorge zuzustimmen, beruhe oft nicht auf Kindeswohlgründen. Zudem einigten sich „lediglich knapp über die Hälfte der Eltern nichtehelicher Kinder" auf die gemeinsame Sorge.

Der Kläger, der diesen Beschluss erreicht hatte, war vor Gericht gezogen, weil er erfahren hatte, dass die Mutter des gemeinsamen Kindes einen Umzug plante. Laut Bundesverfassungsgericht wollte der zu Verfahrensbeginn neunjährige Sohn sogar lieber beim Vater leben. Doch der verlor vor den normalen Gerichten. Er wurde als nicht befugt angesehen, ein Gericht überprüfen zu lassen, ob es für sein Kind besser war, dass die Mutter die Alleinsorge verlor.

Das Verfassungsgericht begann seinen Beschlusstext mit dem Hinweis auf seinen erwähnten Beschluss von 2003 und bekräftigte dabei,

> „der Gesetzgeber habe davon ausgehen dürfen, dass eine Mutter sich nur ausnahmsweise und nur dann dem Wunsch des Vaters nach einer gemeinsamen Sorge verweigere, wenn sie dafür schwerwiegende Gründe habe, die von der Wahrung des Kindeswohls getragen würden."

Warum jemand von so etwas ausgehen sollte, bleibt schleierhaft. Noch 2010 fand das höchste deutsche Gericht es also naheliegend, dass Mütter im Allgemeinen die Macht über ihre Kinder nicht aus egoistischen Motiven und letztendlich zum Schaden der Kinder missbrauchen. Zum Glück widersprach dem nun „eine im Jahr 2006 durchgeführte Umfrage des Bundesministeriums der Justiz zur gemeinsamen Sorge nicht miteinander verheirateter Eltern, an der sich 440 Jugendämter und 109 Rechtsanwälte beteiligten." Die Befragten nannten zu den Gründen, warum Mütter die gemeinsame elterliche Sorge ablehnten, am häufigsten egoistische Motive. Auch zur Lage im Ausland hatte das Gericht recherchiert:

> „Im Rahmen der konkreten Ausgestaltung der Regelung elterlicher Sorge belassen sieben EU-Mitgliedstaaten, anders als das deutsche Recht, der Mutter zwar von Gesetzes wegen die Alleinsorge, ermöglichen aber dem Vater sowohl bei Konsens der Eltern als auch aufgrund gerichtlicher Entscheidung ein Sorgerecht. In 18 EU-Mitgliedstaaten sind unverheiratete Eltern verheirateten Eltern weitgehend oder vollständig gleichgestellt und erlangen kraft Gesetzes das gemeinsame Sorgerecht."

Deutschland war also vor Erlass dieses Gerichtsbeschlusses von 2010 die große Ausnahme.

In diesem Beschluss widmet sich das Gericht auch ausführlich der Frage, ob die gemeinsame elterliche Sorge nicht auch in Deutschland automatisch ab der Vaterschaftsanerkennung gelten sollte. Seine Antwort: Das sei „verfassungsrechtlich nicht geboten". Zur Begründung kommen lauter schlechte Argumente, wie von Deutschlands höchsten Gerichten im Familienrecht seit jeher bekannt. So könne, selbst wenn ein Mann seine Vaterschaft staatlich anerkennen lässt, „nicht generell darauf geschlossen werden", dass er die gemeinsame elterliche Sorge ausüben will.

Die in diesem Beschluss wiederholte Formulierung, dass von etwas „nicht generell" ausgegangen werden kann, hat in einem grundrechtlichen Argument normalerweise nichts verloren. In sehr vielen Dingen kann der Staat von gewissen Umständen nicht generell ausgehen, und trotzdem gibt es Gesetze und Grundrechte. Gesetze enthalten ja auch oft Regelungen für die Minderheit der Fälle, in denen seine Grundannahmen nicht zutreffen. Im konkreten Fall fragt sich: Warum sollte ein Vater seine Vaterschaft staatlich anerkennen lassen, wenn er nicht „gewillt ist, zusammen mit der Mutter Sorge für das Kind zu tragen"? Ein Grund kann sein, dass er nicht zusammen mit der Mutter, sondern alleine für das Kind sorgen will. Inwieweit er dafür gute Gründe hat, müsste dann ein Gericht entscheiden – das steht also der automatischen gemeinsamen Sorge ab der Vaterschaftsanerkennung nicht im Weg.

Ein weiteres Argument des Verfassungsgerichts war, „dass es nach rechtlicher Vaterschaftsanerkennung nur bei ungefähr der Hälfte der nichtehelichen Kinder zu einer freiwilligen Begründung einer gemeinsamen Sorge durch die Eltern kommt". Die Schuld daran sah es aber vor allem bei den Vätern, denn es habe „keinen Anhaltspunkt" dafür gegeben, dass eine Einigung „vor allem oder gar ausschließlich an der mangelnden Bereitschaft der Mutter dazu scheitert".

Diese Argumentation – die wieder die Bemerkung enthält, etwas liege nicht generell vor – ist wirklich dumm. Es ist nicht viel Ahnung vom Familienrecht nötig, um zu wissen: Ab der Vaterschaftsanerkennung muss der Vater monatlichen Unterhalt bezahlen. Tut er das nicht, springt der Staat für ihn ein. Die unverheiratete Mutter hat also ein riesiges Interesse daran, der Vaterschaftsanerkennung zuzustimmen, denn die sichert ihr bis zur Volljährigkeit des Kindes viel Geld. Das Interesse ist umso größer, je größer das Einkommen des Vaters ist, denn danach richtet sich die Höhe des Unterhalts. Gerade auch angesichts der vom Gericht selbst zitierten Befragungsergebnisse des Justizministeriums ist offensichtlich, dass es bei vielen im Streit befindlichen Eltern an der Mutter liegt, dass bei der Vaterschaftsanerkennung nicht auch die gemeinsame Sorge erklärt wird. So sichert sie sich Geld, verweigert aber dem Vater die Mitbestimmung über das Kind. Das Gericht spricht jedoch absurderweise nur davon, der Vater verbinde mit seiner Vaterschaftsanerkennung nicht unbedingt den Willen, für sein Kind zu sorgen. Es wäre plausibel, Vätern, die die Vaterschaft nicht anerkennen wollen, die automatische elterliche Sorge zu verweigern, wenn die Vaterschaft irgendwann dann doch gerichtlich festgestellt wird, denn da sind die ganzen genannten Bedenken vernünftig. Es ist hingegen nicht ersichtlich, warum die vagen Unterstellungen Väter treffen sollten, die sich zu ihren Kindern in einem formalen Akt bekennen.

Ein weiteres Argument des Gerichts war, die Kopplung der elterlichen Sorge an die Vaterschaftsanerkennung könne „die Gefahr in sich bergen, dass Väter sich weniger dazu bereit erklären, die Vaterschaft freiwillig anzuerkennen", was dann den Gerichten mehr Arbeit machen würde, weil es mehr Anträge auf gerichtliche Feststellung der Vaterschaft gäbe. Das erscheint aber nicht nachvollziehbar, denn Väter haben kaum einen Grund, die elterliche Sorge zu fürchten (und deshalb die Vaterschaftsanerkennung zu verweigern). Sie geht zwar formal mit Pflichten einher, die sind aber kaum durchsetzbar. Es widerspricht dem Konzept elterliche Sorge, jemanden dazu zu zwingen. Keine Mutter wird mit der Klage vor Gericht ziehen: Der Vater meines Kindes verweigert Gespräche über die Auswahl der Kita. Sollte der Vater seine unerwünschte elterliche Sorge dafür ausnutzen, die Mutter zu ärgern, etwa indem er in Angelegenheiten des Kindes irgendwelche nötigen Unterschriften verweigert, wird es der Mutter ein Leichtes sein, ihm seine entsprechenden Rechte ganz oder teilweise aberkennen zu lassen. Ein familienrechtlicher Gerichtsantrag ist formlos und ohne anwaltliche Vertretung möglich. Die Mutter müsste bloß ein paar Sätze zu Papier bringen. Zudem könnte bei der Vaterschaftsanerkennung die elterliche Sorge als Option für den Vater möglich sein, damit es keinen Automatismus gibt, sondern er die Wahl hat.

Die Bemühungen des Bundesverfassungsgerichts, die doppelte Diskriminierung unverheirateter Väter – nämlich gegenüber den Müttern und gegenüber verheirateten Vätern – zu rechtfertigen, blamieren sich zudem schon angesichts des vom Gericht selbst festgehaltenen Umstands, dass in den meisten EU-Ländern die Vaterschaftsanerkennung zur elterlichen Sorge führt. Eine Begründung, warum deutschen Vätern mehr zu misstrauen sei, als denen in vielen anderen Ländern, enthält der Beschluss von 2010 nicht.

Die Diskussion um die Neugestaltung des Sorgerechts hält bei Redaktionsschluss dieses Buches im März 2025, kurz nach der Bundestagswahl an. Sowohl die Regierung Scholz als auch zumindest die letzte unter Merkel hatten in ihren Koalitionsverträgen angekündigt, die vielen Rufe nach familienrechtlichen Veränderungen unter anderem im Sorgerecht zu erhören. Entsprechende Gesetzesentwürfe gab es immer mal wieder. Und sogar eine achtköpfige externe Fachkommission des Bundesjustizministeriums. Die empfahl 2019 unter anderem einstimmig die Kopplung der gemeinsamen elterlichen Sorge an die Vaterschaftsanerkennung. Doch im August 2020 schrieb das juristische Online-Magazin *Legal Tribune Online*, die geplante Reform des Sorgerechts sorge bei Fachleuten für Unverständnis, da das Ministerium entgegen der Empfehlung einer „hochkarätigen Arbeitsgruppe" weiterhin kein automatisches Sorgerecht für unverheiratete Väter wollte. Die an der Arbeitsgruppe beteiligte Anwältin Eva Becker wird in dem Artikel mit den Worten zitiert:

> „Auch weiterhin wird es Hürden für unverheiratete Väter geben, das gemeinsame Sorgerecht zu erlangen. Es ist bedauerlich, dass die Ministerin nicht der Auffassung der Arbeitsgruppe gefolgt ist. Kinder haben von Geburt an den Anspruch auf zwei sorgeberechtigte Eltern."

Fazit: Das deutsche Kindschaftsrecht wurde immer mal wieder reformiert, aber nie ganz gemäß der Vorgaben des Grundgesetzes. Die im Lauf der Jahrzehnte erlassenen Gesetze waren in dieser Hinsicht grundlos. Neben dem Grundgesetz gab es stets und gibt es weiterhin eine ganze Reihe Grundlosgesetze.

4. Der dauerhafte Vätermissbrauch und die geringe Wirkung überstaatlicher Grundrechtsgarantien

Die Geschichte der BRD ist gekennzeichnet von einer Vätermissachtung, vor allem bezüglich der unverheirateten Väter. Das galt lange Zeit auch für die Wissenschaft, die sich aber, im Gegensatz zu Regierungen und Justiz, früher berappelte, wie die Gerichtsfachleute für Familienpsychologie Matthias Weber und Uli Alberstötter in ihrem Buch *Psychologische und sozialpädagogische Grundlagen beim Sorge- und Umgangsrecht* von 2022 festhalten:

> „In den achtziger Jahren des vergangenen Jahrhunderts entwickelte sich ein neues Verständnis vom Stellenwert beider Eltern für die Entwicklung des Kindes, und damit ein neues Verständnis von Kindeswohl. Entgegen der damals vorherrschenden Sicht betonten vor allem Ergebnisse amerikanischer Studien die Bedeutung des abwesenden Elternteils, damals in der Regel des Vaters. Das Bundesverfassungsgericht stellte fest, dass das Fortbestehen der familiären Sozialbeziehung nach Trennung der Eltern eine entscheidende Grundlage für eine stabile und gesunde psychosoziale Entwicklung des heranwachsenden Menschen ist."

Den letzten Satz kann man sich auf der Zunge zergehen lassen. Die allermeisten Menschen wissen, dass das Fortbestehen von Sozialbeziehungen für Kinder wichtig ist, und elementar wichtig, wenn es um ihre Hauptbezugspersonen geht. In Deutschland musste das erst das höchste Gericht feststellen.

Ein Experte für solche Themen war Prof. Dr. Dr. Dr. Wassilios E. Fthenakis, langjähriger Leiter des Staatsinstitutes für Frühpädagogik in

München. Der von ihm 2008 herausgegebene Sammelband *Begleiteter Umgang von Kindern. Ein Handbuch für die Praxis*, enthält ein Kapitel „Zur Bedeutung der gemeinsamen elterlichen Sorge", in dem er sowie die Therapeutin und Gerichtsgutachterin Waltraut Walbiner einen Überblick über Forschungsergebnisse aus dem In- und Ausland seit den 1980ern geben. Sie halten unter anderem fest (die Literaturangaben lasse ich beim Zitieren zum Teil weg):

> „Kinder mit gemeinsamer elterlichen Sorge zeigen bessere Anpassung hinsichtlich verschiedener Maße als Kinder mit alleiniger elterlicher Sorge (v.a. der Mutter). (…) In der Metaanalyse von Amato und Gilbreth (1999) zeigten Kinder mit gemeinsamer elterlicher Sorge bessere Anpassung in ihren Beziehungen zu den Eltern und verbrachten mehr Zeit mit dem Vater, was umfassendere Gelegenheit für autoritatives Elternverhalten mit sich brachte, welches als günstiger in Hinblick auf die Anpassung der Kinder erachtet wird. (…)
>
> Trotz aller Einschränkungen der vorgestellten Untersuchungsergebnisse bestätigt sich somit der Einwand nicht, dass Kinder mit gemeinsamer elterlichen Sorge größeren Konflikten oder einem erweiterten Risiko im Hinblick auf Anpassungsprobleme ausgesetzt sind."

Es folgen „einige fundamentale Erkenntnisse", die für die Rechtsprechung wichtig seien, darunter: „Väter mit gemeinsamer juristischer und physischer Sorge fühlen sich nach der Scheidung zufriedener, was längerfristig eine positive Auswirkung auf ihr Engagement beim Kind hat", sowie: „Sorgerechtsregelungen beeinflussen nicht elterliche Kooperation oder Konflikt".

Zu Beginn des Kapitels „Zur Bedeutung des Fortbestands der Eltern-Kind-Beziehung nach einer elterlichen Trennung und Scheidung – Stand der Forschung", schreiben Mechthild Gödde und Fthenakis, dass sie vor allem von der Vater-Kind-Beziehung sprechen, da es zu wenig Wissen zu Müttern gebe, die getrennt von ihren Kindern leben. Sie führen dann aus:

> „Der Aufschwung der Väter-Forschung in den späten 70er- beziehungsweise in den 80er-Jahren dokumentiert eine Aufwertung der Rolle des Vaters in der Familie. Das gilt auch für die

> Nachscheidungsfamilie: Es ist sicherlich kein Zufall, dass das Desorganisationsmodell, in dem der Vater nach der Trennung keine bedeutsame Rolle mehr spielt und die Scheidungsfamilie sich als 'Restfamilie' definiert, in den 80er-Jahren durch das Reorganisationsmodell abgelöst wurde."

Seitdem wird die Trennungsfamilie weiterhin als „familiale Einheit" angesehen, denn die betroffenen Eltern und Kinder haben (potenziell) weiterhin Beziehungen zueinander. Es ist bestürzend, dass Trennungsfamilien früher nicht als immer noch zusammenhängende, sondern als desorganisierte Menschen betrachtet wurden. Wieder unter Anführung einer Handvoll Studien seit den 1980ern schreiben Gödde und Fthenakis:

> „Nach einer Trennung nimmt der Kontakt der Kinder zum außerhalb lebenden Vater immer mehr ab und wird weniger intensiv, eine Tendenz, die sich bis ins Erwachsenenalter fortsetzt. Aus einschlägigen US-amerikanischen Untersuchungen wird abgeleitet, dass über ein Drittel der Kinder ihre Väter gar nicht oder nur noch sehr selten sehen. Die Kontakthäufigkeit nimmt besonders infolge von Umzügen ab. In der Folge leidet meistens auch die Qualität der Eltern-Kind-Beziehung. Für Deutschland liegen hierzu keine systematisch erhobenen Zahlen vor. Experten vermuten, dass ca. 40% der Kinder keinen Kontakt zu ihrem leiblichen Vater haben."

Die Prozentsätze, die ich in Kapitel 1 genannt habe, sind niedriger, sie entstammen aber auch neueren Studien. Es scheint also, dass die Lage um die Jahrtausendwende noch schlimmer war.

In einem Fachartikel mit dem Titel „Mehr als Geld? Zur (Neu-) Konzeptualisierung väterlichen Engagements", 2002 erschienen im Sammelband *Mutterschaft, Vaterschaft*, gab Fthenakis einen Überblick über die Väterforschung. Darin hielt er fest, dass in den ersten Jahrzehnten der BRD die Väter vor allem als abwesende beforscht worden seien, kriegsfolgenbedingt. Das Konzept vom bloßen „Ernährer" sei „bis Mitte der 70er-Jahre unangefochten" geblieben. Erst ab um 1980 herum seien der getrennt lebende Vater „als Mitglied des Familiensystems betrachtet" und „auch indirekte Effekte väterlicher Partizipation" analysiert worden. Unter Bezug auf eine 1997 erschienene Studie hielt

Fthenakis fest, dass väterliche Fürsorge „nicht genügend erforscht oder anerkannt ist", denn der Blick habe sich da nur auf direkt beobachtbare Interaktionen gerichtet. Es reiche aber nicht aus, die Stunden zu zählen, die ein Vater mit seinen Kindern verbringt, um sein Engagement, seine Fürsorge für sie zu beurteilen. Demnach hatten erst in den späten 1990ern wissenschaftliche Studien kompliziertere Konzepte verfolgt und überhaupt „mittel- und langfristige Auswirkungen" von Vaterschaft analysiert.

Ebenfalls in den 1990ern scheint es eine größere Beschäftigung mit der Situation der Väter gegeben zu haben, die den Kontakt zu ihren Kindern verloren hatten. Ich kann nicht sagen, wie sich das seitdem entwickelt hat, aber zumindest ich hatte diese Problematik bis zur Recherche für dieses Buch nicht mitbekommen. Ich bin jetzt auf Bücher und Fachtexte gestoßen, die sich damals damit auseinandersetzten und zum Teil herbe Kritik an dem diskriminierenden und massiv verletzenden Umgang mit Trennungsvätern enthalten.

So hielt die erwähnte Therapeutin und Gerichtsgutachterin Waltraud Walbiner 2006 im Text „Papa nur am Wochenende – Zur Situation das getrennt lebenden Vaters" unter *www.familienhandbuch.de* (einem Informationsangebot des Staatsinstituts für Frühpädagogik München) fest:

> „So wird der Vater nach einer Elterntrennung häufig in abrupter Weise von wesentlichen Bereichen der Elternschaft ausgeklammert, oder sie sind für ihn nur noch in reduzierter Form und unter erschwerten Bedingungen praktikabel. Dies gilt gleichermaßen für die Sorge um kindliche Anliegen, gemeinsame Alltagserfahrungen, Spiel und Unternehmungen wie für die Versorgung und Erziehung des Kindes."

Ebenfalls im Online-Familienhandbuch schrieb 2003 der Psychologe Herbert Pagels in einem Artikel:

> „Das Thema 'Verlassene Väter' findet trotz der offenbar sehr hohen Zahl Betroffener keine breitere Beachtung. Dramatisch verlaufende Einzelfälle, oft im Zusammenhang mit Selbsttötungen oder 'erweiterten Suiziden', lösen allerdings immer wieder Aufmerksamkeit aus, oft auch in Form von Darstellungen in der Sensationspresse."

Pagels war mit seiner Doktorarbeit zu diesem Thema bekannt geworden, die er 2002 an der Universität Hamburg eingereicht hatte (und die im Internet zu finden ist). Ihr Titel: „Verlassene Väter. Die innerseelische Situation und das Bewältigungsverhalten von Männern nach einer ungewollten Trennung von Frau und Kindern“. In der Einleitung erläutert der Psychologe, dass er auf das Thema gekommen war, weil er seit 1984 in Cuxhaven eine Beratungsstelle für Eltern, Kinder und Jugendliche leitete, die auch Trennungsfamilien helfen sollte. Der Autor führt aus:

> „Mein besonderes Interesse zum Thema 'Verlassene Väter' entwickelte sich, als ich im Herbst 1991 im Rahmen einer Trennungsberatung erlebte, wie der Vater einer zweijährigen Tochter nach dem Weggang seiner Frau mit dem Kind daran dachte, sich das Leben zu nehmen. (…) Intensive Gespräche mit diesem verlassenen Vater hatten bei mir zudem bewirkt, daß ich 'trennungs- und scheidungstypische' Verhaltensweisen von Vätern aus einer anderen Sicht wahrnahm. Mir wurde klar, daß 'männliche Aggression' und 'väterliches Desinteresse', im Zusammenhang mit Trennungen und Scheidungen oft als 'typisch männliches Verhalten' interpretiert, Ausdruck tiefsten seelischen Schmerzes und einer unerträglichen Verzweiflung sein konnten.“

Pagels schildert, wie er diesem Vater half, eine Selbsthilfegruppe zu gründen, und dass er überrascht war, als schon beim ersten Treffen sechs Väter tiefe Einblicke in ihren Schmerz gaben. Ihm zufolge war damals „kaum etwas bekannt über die Empfindungen, die Männer in derartigen Lebensphasen haben“. Schlimmer noch: Diese Trennungsopfer waren schlecht angesehen. So hielt Pagels fest, „daß Väter oft als störend und überflüssig dargestellt wurden, leider auch oft in Fachkreisen.“

Eine weitere Erfahrung war ein typischer Fall von Kindesentziehung und -entfremdung, wo ein Vater seit sechs Jahren versuchte, seine inzwischen acht Jahre alte Tochter zu sehen, und das Familiengericht angeblich keine Möglichkeit sah, auf die Mutter einzuwirken.

Dass Eltern ihre Kinder dem anderen Elternteil entfremden, ist ein Dauerproblem (das manche Leute bewusst wegreden). Im Buch *Stark und verantwortlich. Ein Ratgeber für Väter nach Trennungen*, von Eberhard Schäfer und Marc Schulte, das 2015 in dritter Auflage erschien, findet sich im Interview mit Axel Biere, Regionalleiter des Jugendamts Berlin-Pankow, folgende Passage:

> „Werden Kinder ihren Vätern entfremdet?
>
> Ja. Wir gehen davon aus, dass bei fünf bis zehn Prozent aller Trennungen Mütter versuchen, die Kinder dem Vater vorzuenthalten und zu entfremden. Teilweise mit hanebüchenen Vorwürfen wie etwa sexuellem Missbrauch.“

Eltern-Kind-Entfremdung scheint mittlerweile ein stärker bekanntes und diskutiertes Problem zu sein. Besonderer Ausweis dafür ist der vom Südwestrundfunk produzierte Spielfilm *Weil du mir gehörst*, der 2020 erstmals ausgestrahlt wurde und in der Familienrechtsszene immer mal wieder erwähnt wird. An die Erstausstrahlung schloss der Sender eine Diskussion mit Fachleuten an, an der auch die Produzentin Simone Höller beteiligt war. Sie betonte:

> „Sehr viele Beteiligte an diesem Film haben persönliche Erfahrungen mit dem Thema, entweder selbst oder im Bekanntenkreis. In der Redaktion war niemandem Eltern-Kind-Entfremdung ein Begriff, aber jeder kannte einen Fall.“

Das Zerstören familiärer Beziehungen ist also virulent, und auf Elternseite sind stark überwiegend die Väter die Opfer. Mir war diese lange Diskriminierungs- und Gewaltgeschichte bisher unbekannt, die Recherche dazu hat zu einem fundamentalen Aha-Erlebnis geführt. Es erinnert mich an ein Aha-Erlebnis, das ich in meinem ersten Soziologie-Studiensemester hatte, als ich erfuhr, dass es in Deutschland viele Menschen gibt – oder zumindest damals, 2003, gab –, die zwar hier geboren sind, aber auch als Erwachsene nicht die deutsche Staatsbürgerschaft haben. Es war die Zeit einer langen unseligen „Integrationsdebatte“, bei der es darum ging, inwieweit sich Menschen mit ausländischer Herkunft oder muslimischem Glauben in die Gesellschaft integrieren können und wollen. Nun ist das Konzept „Integration“ in der allgemeinen Debatte meistens auf unsinnige Weise verwendet worden, denn da geht es dann um Mentalitäten, während Integriertheit heutzutage im Grunde nur bedeutet, sich an die Gesetze zu halten. Es gibt nicht eine allen Deutschen gemeinsame Werteordnung oder Weltanschauung. Aber wenn wir uns auf das mentalitätsbezogene Konzept von Integration beziehen, müssen wir uns ehrlich machen: Es fällt schwerer, sich derart zu integrieren, wenn einem juristisch, sozusagen bei jedem auszufüllenden staatlichen Formular klargemacht wird, dass man mangels Staatsbürgerschaft nicht wirklich dazugehört. Das entschuldigt nicht strafbares Verhalten oder verfassungswidrige Einstellungen, aber wer etwas von anderen verlangt, muss auch seine eigenen Möglichkeiten nutzen, diesen Leuten das Verlangte zu erleichtern, beziehungsweise Zustände abzubauen, die dem Erwünschten entgegenwirken.

Dasselbe sehe ich nun in Bezug auf die Väter. Unabhängig von patriarchaler Prägung und toxischer Männlichkeit waren und sind sie auch stets Opfer der viel zitierten freiheitlich-demokratischen Ordnung. Dass sie sich im Durchschnitt wenig um ihre Kinder gekümmert haben, war nicht nur kulturell oder charakterlich bedingt, sondern es war auch von Staat und Gesellschaft so vorgesehen, gesetzliche Zwänge und Verbote inklusive. Vor allem nach einer Scheidung sollten sie die Ernährer sein, die ihre Kinder nur wenig sehen und gar nicht über sie bestimmen dürfen. Da braucht man sich nun weder zu wundern, wenn Väter stärker an Geld und Karriere interessiert sind, noch, dass so einige allergisch auf den Begriff „Feminismus“ reagieren, weil sie das Schicksal der „Zahlpapas“ (die ihre Kinder nicht sehen dürfen oder können, aber für sie bezahlen müssen) kennen.

Eine furchtbare, viele Gesellschaftsbereiche umfassende Tradition dieser Republik lässt sich also so zusammenfassen: Ehemänner hatten zunächst lange eine dominante rechtliche Stellung, die unverheirateten Väter hingegen galten ähnlich lange als nicht einmal mit den Kindern verwandt, deren Miterzeuger sie offiziell waren; im Zuge der Ausweitung der Mütterrechte gerieten dann auch die verheirateten Väter ins Hintertreffen, und zwar im Fall der Scheidung, bei der sie in aller Regel die elterliche Sorge verloren, was zeitweise sogar ein gesetzlicher Zwang war; im Laufe von Jahrzehnten wurde die eigentlich grundgesetzwidrige Diskriminierung der unverheirateten Väter nur stufenweise und bis heute nicht komplett abgebaut; in Wissenschaft und Gesellschaft kümmerte sich jahrzehntelang kaum jemand überhaupt um die Bedeutung der väterlichen Präsenz für die Kinder, und offenbar bis in die 1990er noch weniger um die Leiden der abgetrennten Väter. Dabei war die Problematik nicht wenigen Menschen bekannt, in ihrer Bedeutung jedoch nicht bewusst. Bei alldem ist mitzudenken, dass die Väter stets unterhaltspflichtig waren. Sie mussten also bis zur Volljährigkeit ihrer Kinder ständig zahlen, was Berichten aus den 1990ern zufolge viele von ihnen in dauerhafte unüberwindbare Geldprobleme stürzte, nicht selten sogar in die Obdachlosigkeit. So wurde vielen von ihnen die Gründung einer neuen Familie verunmöglicht. Sie wurden also in ihren Rechten und Gefühlen fundamental missachtet, oder anders gesagt: wirtschaftlich wie emotional unterdrückt und ausgebeutet. Die Geschichte der BRD ist somit auch eine Geschichte des dauerhaften Vätermissbrauchs.

--●--

Der springende Punkt an der Diskriminierung der Väter für dieses Buch ist die damit einhergehende Verletzung der Rechte ihrer Kinder. Wenn nicht beide Eltern sorge- und umgangsberechtigt sind, besteht für das Kind keine Sicherheit, mit beiden (ausreichend) Kontakt zu haben und von beiden erzogen zu werden. Das Bundesverfassungsgericht spricht im erwähnten Beschluss von 1982 vom „Grundgedanken, daß in aller Regel Eltern das Wohl des Kindes mehr am Herzen liegt als irgendeiner anderen Person oder Institution". In einem Beschluss vom 22. Mai 2014 schreibt es:

> „Der Schutz des Elternrechts erstreckt sich auf die wesentlichen Elemente des Sorgerechts, ohne die Elternverantwortung nicht ausgeübt werden kann."

Eltern haben eine vom Verfassungsgericht anerkannte „natürliche" Verantwortung für ihre Kinder, und die Kinder sind darauf angewiesen, dass sie diese Verantwortung ausüben, aber Deutschlands Gerichte führen schon immer mit falschen Argumenten eine teilweise Verantwortungslosigkeit und Kontaktabbrüche herbei. Ausgangspunkt war dabei jahrzehntelang die Ansicht, dass Kinder keinen Status als Rechtssubjekt haben.

Der auf Kinderethik spezialisierte Philosoph Christoph Schickhardt geht in seinem 2024 erschienenen Buch *Nicht systemrelevant. Eine Aufarbeitung der Corona-Politik aus kinderethischer Sicht* einleitend auf das Familienrecht ein und schreibt:

> „Aufgrund der Tatsache, dass nirgendwo im Grundgesetz steht, ob die Grundrechte auch Minderjährigen zustehen, war diese

Frage jahrzehntelang unklar. Heute besteht Konsens unter Verfassungsrechtlerinnen und Verfassungsrechtlern, dass auch Kinder und Jugendliche Träger der Grundrechte sind."

Das ist absurd, denn das Grundgesetz handelt nicht primär von Volljährigen, sondern von Menschen. Dennoch wurden Minderjährige lange Zeit vor allem als Objekte von Rechten Erwachsener behandelt. Schickhardt analysiert, dass die deutsche Rechtsprechung zu Kindern, beziehungsweise Familien sich vor allem mit dem Gegensatz zwischen Elternrechten gegenüber dem Staat, und staatlichen Eingriffsrechten gegenüber den Eltern beschäftigt habe, aber bis vor relativ kurzer Zeit nicht mit den Rechten, die die Kinder gegenüber Eltern und Staat haben.

Das ist nicht nur grundgesetzwidrig, sondern steht auch im Widerspruch zu den ganzen überstaatlichen Grundrechtsgarantien. Die 1989 beschlossene Kinderrechtskonvention der Vereinten Nationen, die von der Bundesregierung 1990 unterzeichnet wurde und 1992 in Deutschland in Kraft trat, hält in Artikel 9 fest:

> „Die Vertragsstaaten achten das Recht des Kindes, das von einem oder beiden Elternteilen getrennt ist, regelmäßige persönliche Beziehungen und unmittelbare Kontakte zu beiden Elternteilen zu pflegen, soweit dies nicht dem Wohl des Kindes widerspricht."

In Artikel 18 steht:

> „Die Vertragsstaaten bemühen sich nach besten Kräften, die Anerkennung des Grundsatzes sicherzustellen, dass beide Elternteile gemeinsam für die Erziehung und Entwicklung des Kindes verantwortlich sind."

Wer seine entsprechenden Rechte verletzt sieht, kann sich gegen seine Regierung beim Kinderrechtskomitee der Vereinten Nationen in Genf beschweren.

Die im Jahr 2000 verabschiedete EU-Grundrechtecharta verlangt in Artikel 24:

> „Jedes Kind hat Anspruch auf regelmäßige persönliche Beziehungen und direkte Kontakte zu beiden Elternteilen, es sei denn, dies steht seinem Wohl entgegen."

Die parlamentarische Versammlung des Europarats verabschiedete im Oktober 2015 die Resolution 2079 mit der Überschrift *Gleichheit und gemeinsame elterliche Verantwortung, die Rolle der Väter*. Darin wird gefordert:

> „Innerhalb der Familie muss die Gleichstellung der Eltern gewährleistet und gefördert werden, von dem Moment an, wo das Kind auf die Welt kommt. (…) Die Rolle der Väter gegenüber ihren Kindern, ebenso kleinen Kindern, muss besser anerkannt und angemessener bewertet werden. (…) Tatsache ist jedoch, dass Väter manchmal mit Gesetzen, Praktiken und Vorurteilen konfrontiert werden, die dazu führen können, ihnen die dauerhafte Beziehung zu ihren Kindern vorzuenthalten."

Der Text ist relativ allgemein gehalten, enthält aber auch deutliche Mahnungen, zum Beispiel:

> „Eltern-Kind-Trennung hat unheilbare Auswirkungen auf ihre Beziehung. Eine solche Trennung sollte nur von einem Gericht und nur unter außergewöhnlichen Umständen mit ernsten Risiken für das Wohl des Kindes angeordnet werden."

Wie ich aber in Kapitel 2 gezeigt habe, sind komplette oder weitestgehende Kontaktabbrüche in Deutschland völlig normal, und sie werden nicht wegen ernster Risiken gerichtlich angeordnet, sondern als Folge dummer und grundrechtlich extrem fraglicher Gerichtsbeschlüsse in Kauf genommen.

Die deutsche Delegation zur parlamentarischen Versammlung des Europarats berichtete im Bundestag (Bundestagsdrucksache 18/13694), diese Resolution sei „mit großer Mehrheit" angenommen worden. Von den Mitgliedsstaaten wird darin unter anderem gefordert: Eltern sollen „sowohl in den Gesetzen als auch in der Verwaltungspraxis in Bezug auf ihre Kinder tatsächlich gleichgestellt" sein und sich an „wichtigen Entscheidungen, die das Leben und die Entwicklung ihres Kindes betreffen", beteiligen können; „jegliche Unterschiede aufgrund des ehelichen Status von Eltern, die ihr Kind anerkannt haben", sind abzuschaffen – also unverheiratete Väter den verheirateten gleichzustellen; und gesetzlich verankert werden soll der „Grundsatz der Doppelresidenz nach einer Trennung" – also dass das Kind ungefähr gleich viel Zeit bei beiden Eltern verbringt –, damit „die zeitliche Dauer, die das Kind bei jedem Elternteil lebt, den Bedürfnissen und dem Wohl des Kindes entsprechend angepasst“ ist.

Das alles steht der deutschen Rechtslage entgegen. Deshalb hat der Bundestag diese Resolution auch nicht übernommen. Die Forderungen des – ohnehin formal machtlosen – Europarats gehen hier also ins Leere. Das Risiko für Eltern-Kind-Kontaktabbrüche ist auch deshalb in Deutschland größer als in vielen anderen europäischen Ländern.

In manchen Fällen war vor allem früher – wenn wir uns der Hoffnung hingeben, dass es heute signifikant anders ist – die Verfahrensdauer der Sargnagel für eine Eltern-Kind-Beziehung. Deshalb gibt es seit 2016 im deutschen Familienrecht ein besonderes Rechtsmittel: die Beschleunigungsrüge. Sie soll verhindern, dass Verfahren unnötig lange dauern und damit einen negativen Effekt auf das Kind haben. Wie es vorher aussah, kann zum Beispiel einem Artikel der *Monatsschrift für Deutsches Recht* 10/2017 entnommen werden, in dem rückblickend festgehalten wird:

> „Der Europäische Gerichtshof für Menschenrechte bejahte – auch bei Vorliegen eines sehr schwierigen Verfahrens – einen Verstoß gegen das Beschleunigungsgebot in einem Umgangsverfahren, das vier Jahre und zehn Monate dauerte, und das den Umgang eines bei Einleitung des Verfahrens 1,5 Jahre alten Kindes, das zu diesem Zeitpunkt keinen Umgang zu seinem Vater hatte, zum Gegenstand hatte. Das Bundesverfassungsgericht sah den Anspruch auf einen effektiven Rechtsschutz wegen einer unangemessenen Verfahrensdauer in einem Fall verletzt, in dem das Amtsgericht 17 Monate lang nicht über einen Eilantrag, und auch in der Hauptsache [Hauptsache steht für das Standardverfahren, im Gegensatz zu einem Eilverfahren; RH] zwei Jahre nach Antragseingang und drei Monate nach Vorliegen des Sachverständigengutachtens keine Entscheidung getroffen hatte.“

Der genannte Verfassungsgerichtsbeschluss war von 2008, die Verurteilung Deutschlands durch den Europäischen Gerichtshof für Menschenrechte (EGMR) erfolgte 2011. Unter dem fast fünfjährigen Gerichtsverfahren hatte der Vater Bernd Kuppinger gelitten, dem die Mutter seines unehelichen Kindes schon ab kurz nach dessen Geburt den Kontakt zu ihm verweigert hatte. Er zog erst vor Gericht, als das Kind schon anderthalb Jahre alt war, und dann dauerte es nochmal 14 Monate, bis er es treffen konnte, vor allem, weil keine Beratungsstelle gefunden wurde, die die Treffen durchführen wollte oder konnte. In der Folge gab es weitere solche Komplikationen. Der EGMR befand, dass dieses Verfahren gegen Artikel 6 der Europäischen Menschenrechtskonvention (EMRK) verstieß, der ein „faires Verfahren" in „einer angemessenen Frist" verlangt. Auch Artikel 13 der Konvention war verletzt, denn Kuppinger stand kein wirksamer Rechtsweg zur Verfügung, um sich gegen die Verletzung seiner von der EMRK garantierten Rechte zu wehren. Der EGMR hält in seinem Urteil unter Bezug auf seine frühere Rechtsprechung fest:

> „Der Gerichtshof hat bereits festgestellt, dass das deutsche Recht keinen wirksamen Rechtsbehelf vorsieht, der geeignet ist, Abhilfe für die unangemessene Dauer zivilrechtlicher Verfahren zu schaffen."

Kuppinger erhielt ein Schmerzensgeld von 5200 Euro und eine Erstattung von Gerichts- und Anwaltskosten. Wenige Monate später reichte er eine neue Beschwerde beim EGMR ein, und die führte 2015 wieder zur Verurteilung der deutschen Justiz und Regierung (auch wieder zu einem Schmerzensgeld, diesmal 15.000 Euro). Nun ging es um Ereignisse, die nach dem Einreichen der ersten Beschwerde stattgefunden hatten. Laut einer Pressemitteilung der Bielefelder Anwaltskanzlei Dr. Baltes und Rixe, die Kuppinger beide Male vertreten hatte, von Februar 2015 verweigerte ihm die Kindesmutter auch nach dem ersten EGMR-Urteil den Umgang mit dem Kind:

> „Aufgrund ihrer Beeinflussung des Kindes wurde schließlich der Umgang des Beschwerdeführers mit Beschluss vom 12.11.2013 bis Oktober 2015 ausgeschlossen, weil eine Umsetzung des Umgangs gegen den Willen des Kindes dessen Wohl gefährde. Der EGMR stellte einen Verstoß der Bundesrepublik gegen Artikel 13 in Verbindung mit Artikel 8 Europäische Menschenrechtskonvention fest, weil für die vorliegenden Umgangsverfahren keine Untätigkeitsbeschwerde zur Verfügung stand, die eine effektive Beschleunigung der Verfahren ermöglichte."

Die Untätigkeitsbeschwerde bezieht sich nicht auf die Mutter, sondern auf die Gerichte. Sie ließen dem Unheil seinen Lauf. Die Konsequenz war, dass Kuppinger trotz seiner erfolgreichen europäischen Grundrechtsbeschwerden langfristig von seinem Kind abgelehnt wurde.

Artikel 8 der EMRK ist bemerkenswert unkonkret:

> „Jede Person hat das Recht auf Achtung ihres Privat- und Familienlebens, ihrer Wohnung und ihrer Korrespondenz."

Das reichte dem EGMR aber. Er hielt in seinem Urteil zum einen fest, dass Kontakte zum Kind „ein fundamentales Element" des Familienlebens sind, und dass zum anderen das Wort „Achtung" (in der englischen Version: „respect") dem Staat die Pflicht auferlegt, Bedingungen zu schaffen, die diese Kontakte sicherstellen. Er sah in diesem Fall Artikel 8 nicht nur in Verbindung mit Artikel 13 verletzt, also wegen der Unmöglichkeit, in Deutschland juristisch ein unnötig langes Verfahren zu verhindern. Er sah diesen Artikel auch wegen der konkreten Lage von 2010 verletzt.

Damals hatte das Oberlandesgericht Frankfurt am Main im Mai sechs dreistündige Treffen von Vater und Kind an konkreten Tagen zwischen Mai und August angeordnet. Im Juli informierte der Vater das Gericht, dass die ersten drei Termine von der Mutter nicht wahrgenommen worden waren, und beantragte ein Ordnungsgeld gegen sie in Höhe von mindestens 3000 Euro. Erst im November verhängte das Gericht Ordnungsgelder in Höhe von je 80 Euro für die ersten drei nicht zustande gekommenen Termine, und je 20 Euro für die anderen drei angesetzten Termine, an denen es ebenfalls keine Treffen gegeben hatte, insgesamt also 300 Euro. Das Geld wurde erst im Juni 2011 von der Mutter eingezogen. Der EGMR hielt fest, dass sowohl die geringe Summe, als auch ihre späte Eintreibung nicht geeignet waren, die Mutter zur Befolgung des Gerichtsbeschlusses zu zwingen. Er wies zudem darauf hin, dass das deutsche Familienrecht Ordnungsgelder von bis zu 25.000 Euro ermöglicht, und dass diese Höhe im Gerichtsbeschluss auch angedroht worden war. Das Bundesjustizministerium, das in solchen Fällen die angeklagte Regierung vertritt, bezeichnete übrigens in seiner Stellungnahme gegenüber dem EGMR die 300 Euro als angemessen hoch.

Diese 2015 erfolgte neuerliche Verurteilung der Bundesregierung wegen eines überlangen Gerichtsverfahrens ist besonders skandalös angesichts des Europäischen Übereinkommens über die Ausübung von Kinderrechten, das im Rahmen des Europarats beschlossen wurde.

Dessen Artikel 7 trägt die Überschrift „Pflicht zu zügigem Handeln", und legt fest:

> „In einem ein Kind berührenden Verfahren hat die Justizbehörde zügig zu handeln und unnötige Verzögerungen zu vermeiden; es müssen Verfahren zur Verfügung stehen, die sicherstellen, daß ihre Entscheidungen schnell vollzogen werden."

Dieses Abkommen ist von Januar 1996! Die Beschleunigungsrüge zur Vermeidung unnötig langer Familiengerichtsverfahren gibt es im deutschen Recht aber erst seit 2016, und nur wegen der Verurteilung der Regierung im Fall Kuppinger. Auch hier zeigt sich also wieder: Schöne Worte in Grundrechtstexten und überstaatlichen Abkommen haben Kindern in Deutschland oft nichts gebracht, sondern Regierung und Justiz mussten immer wieder dazu gezwungen werden, die grundrechtlichen Vorgaben zu beherzigen.

Besonders aufschlussreich ist in dieser Hinsicht der Kampf um das eigenständige Recht unverheirateter Väter auf die elterliche Sorge, der zum erwähnten Verfassungsgerichtsbeschluss von 2010 führte. Der Vater Horst Zaunegger war lange vorher mit seiner Verfassungsbeschwerde gescheitert. Sie war vom Gericht nicht einmal zur Entscheidung angenommen worden (was der Normalfall ist). Nachdem er beim EGMR gesiegt hatte, und ein anderer Vater Verfassungsbeschwerde eingereicht hatte, fand das Gericht eine juristische Begründung, warum die Gesetzeslage nun doch zu ändern war. Es redete sich dabei, wie erwähnt, darauf heraus, der Wissensstand gebiete nun eine andere Rechtsauffassung als bei seinem Beschluss in dieser Materie von 2003.

Mit empirischen Studien zu argumentieren ist aber in grundrechtlichen Fragen hochproblematisch. Grundrechte beruhen vor allem auf Grundwerten, nicht auf Empirie. Nehmen wir zum Beispiel die Lage zur Zeit der Erarbeitung des Grundgesetzes: Unzählige Väter waren tot oder in russischer Gefangenschaft, unzählige Kinder und Erwachsene durch den Krieg traumatisiert und verarmt, unzählige Häuser zerstört. So konnte, um die wiederholte Formulierung des Verfassungsgerichts von 2010 aufzugreifen, bei weitem „nicht generell" davon ausgegangen werden, dass alle Familien in halbwegs geordneten Verhältnissen lebten und die Eltern im Wesentlichen für ihre Kinder sorgen konnten. Trotzdem wurde ins Grundgesetz ganz allgemein, kurz und knapp geschrieben, dass alle Eltern ein „natürliches Recht“ auf die Erziehung ihrer Kinder haben, und damit ein Abwehrrecht gegenüber dem Staat. Nach der sorgerechtlichen Logik, die sich durch die herrschende Rechtsprechung zieht, hätte im Grundgesetz stattdessen stehen können: „Angesichts der Vielzahl zerrütteter Familien kann nicht generell davon ausgegangen werden, dass die Eltern ihre natürliche Verantwortung gegenüber ihren Kindern in allen Belangen in einer dem Kindeswohl zuträglichen Weise wahrnehmen können. Alle Kinder stehen so lange unter staatlicher Vormundschaft, wie die Eltern nicht unter Beweis stellen, dass sie materiell und psychisch in der Lage sind, die elterliche Sorge angemessen auszuüben.“

Erschwerend hinzu kommt, was das Verfassungsgericht nun als empirische Grundlage seines Sinneswandels gegenüber dem Beschluss von 2003 anführte. Zwar schrieb es im Beschluss von 2010:

> „Inzwischen liegt hinreichendes Datenmaterial vor, aus dem sich ergibt, dass sich die damaligen Annahmen des Gesetzgebers nicht als zutreffend erwiesen haben.“

Es führte dann aber nur zwei Datenquellen an! Das Eine waren Zahlen des Statistischen Bundesamts aus mehreren Jahren, die zeigten, dass nur ungefähr die Hälfte der unverheirateten Elternpaare sich auf die gemeinsame elterliche Sorge einigte. Diese Zahlen werden im Januar 2003 nicht ganz anders ausgesehen haben, und da gab es die Möglichkeit der gemeinsamen Sorge schon seit viereinhalb Jahren, nämlich seit der am 1.7.1998 in Kraft getretenen Kindschaftsrechtsreform (oder sogar noch länger, denn schon 1982 hatte das Gericht die Unmöglichkeit der gemeinsamen Sorgeerklärung nach einer Scheidung für verfassungswidrig erklärt). Allerdings wurden solche Zahlen erst seit 2004 statistisch erfasst, wie aus einer Antwort des Justizministeriums auf eine Bundestagsanfrage von 2008 hervorgeht.

Die zweite Datenquelle war die erwähnte vom Justizministerium durchgeführte Befragung von 440 Jugendämtern und 109 Rechtsanwälten. Deren Erkenntnisse waren aber schon deshalb nicht belastbar, weil nur Einschätzungen Dritter erhoben wurden, nicht die Einstellungen der eigentlich zu beforschenden Menschengruppe. In einer Parlamentsstellungnahme vom 25.7.2008 (Bundestagsdrucksache 16/10047) hielt sogar das Justizministerium selbst fest, dass „die Ergebnisse der Umfrage mit größter Vorsicht interpretiert werden" mussten, dass sie keine Grundlage für die Erfüllung des Prüfauftrags des Verfassungsgerichts an den Bundestag waren, und dass „eine wissenschaftliche Untersuchung erforderlich" war. In einer Bundestagsdebatte vom 2.7.2009 wiesen Abgeordnete auch genau darauf hin. Dennoch wurde diese Befragung im Juli 2010 vom Gericht als im Grunde einzige Legitimation seiner neuen Haltung zum eigenständigen Recht auf die elterliche Sorge für unverheiratete Väter angeführt! Die Umfrage des Justizministeriums wurde also vom Verfassungsgericht als Krücke genutzt, um einen neuen Wissensstand zu behaupten und so nicht in die Verlegenheit zu kommen, die eigene Rechtsauffassung von 2003 mit bloßen Grundrechtsargumenten auszuhebeln, beziehungsweise zuzugeben, dass es dazu vom EGMR gezwungen wurde.

Und dann gibt es noch einen weiteren Hintergrund, der die empiristische Argumentation des Gerichts schlecht aussehen lässt: die völlig andere Herangehensweise des EGMR. Wie erwähnt, war die aufgeworfene Forschungsfrage grundsätzlich eher unsinnig: Das Gericht ging 2003 davon aus, dass die unverheirateten Mütter vor allem aus Kindeswohlgründen die gemeinsame elterliche Sorge ablehnen, nicht aus Egoismus, und gab dem Bundestag auf, diese Annahme zu überprüfen (ohne eine Frist zu setzen). Das war also keine primär grundrechtliche Argumentation. Ganz anders der EGMR: In seinem Urteil im Fall Zaunegger – das, wie alle EGMR-Urteile, im Internet steht, auch auf Deutsch – geht es nur um grundrechtliche Erwägungen. Die Wortsuche in der 26-seitigen Datei findet weder „Studie", noch „empirisch" oder „Empirie". Die Wörter „Daten" und „Forschung" kommen nur einmal vor, und zwar an der Stelle, wo der EGMR die Stellungnahme der Bundesregierung wiedergibt, in der auf abgeschlossene und begonnene Forschungsprojekte verwiesen wird, die aber „noch keine eindeutigen Ergebnisse erbracht" hätten.

Zusammengefasst: 2003 rechtfertigt das Verfassungsgericht die Diskriminierung der unverheirateten Väter mit einer idiotischen Grundannahme hinsichtlich der Mütter, und ruft dem Bundestag sinngemäß zu: Schaut mal, ob ihr das Gegenteil beweisen könnt! Und nach der Rüge durch den EGMR auf Basis rein grundrechtlicher Überlegungen tut es so, als ob es nun einen anderen Wissensstand gäbe, bezieht sich dabei aber auf eine Datengrundlage des Justizministeriums, von der selbst das

Ministerium sagt, sie könne mangels Wissenschaftlichkeit keine Antwort auf die Frage des Gerichts geben.

Bis in die jüngste Vergangenheit hinein zeigen Deutschlands Familiengerichte bis hinauf zum Bundesverfassungsgericht also immer wieder, dass sie nie willens oder in der Lage gewesen sind, Artikel 6 des Grundgesetzes vollständig umzusetzen. Grundrechtstexte, auch die überstaatlichen, wurden und werden von ihnen immer wieder wie Sonntagsreden behandelt. Eigenständiges Denken, das den universalistischen Anspruch der Fundamente unserer Rechtsordnung ernst nimmt, und sowohl die Geschichte der Rechtsprechung als auch die eigene moralische Prägung kritisch reflektiert, ist im Gerichtsalltag nicht gefragt.

5. Haarsträubende Qualifikations- und Umsetzungsdefizite

5.1 Richterliches Dauerpraktikum mit „Blutspur"

Die grundrechtlichen Vorgaben sind also durchaus in Ordnung – es gibt, gelinde gesagt, ein Umsetzungsdefizit. Besser gesagt: Es gibt mehrere, denn alle an Kindschaftsverfahren beteiligten Berufsgruppen geben immer wieder ein haarsträubendes Bild ab, und bei allen gibt es strukturelle Ursachen. So halten etwa die sehr erfahrenen familienpsychologischen Gerichtssachverständigen Matthias Weber und Uli Alberstötter in ihrem erwähnten Buch *Psychologische und sozialpädagogische Grundlagen beim Sorge- und Umgangsrecht* von 2022 fest:

> „Es wäre blind, die Mitverantwortung der Institutionen an der Eskalation von Elternkonflikten und an der Eltern-Kind-Entfremdung zu leugnen. Wer sehen will, der kann sie sehen, die offensichtlichen Mängel seitens der Trennungsprofessionen."

Einer dieser Mängel sei, dass es in Familiengerichtsverfahren nur „im Ausnahmefall eine fundierte Konfliktdiagnose" gebe, da „von sozialpädagogischem und psychologischem Denken geleitete Strategien" oft erst sehr spät angewandt würden. Generell mangele es den beruflichen Akteuren an einem fundierten Verständnis von chronischen Konflikten und widersprüchlichen Realitätskonstruktionen, sowie der Fähigkeit, mit mächtigen Gefühlen wie Angst und Wut umzugehen. Die vielen Studien und Fortbildungsangebote dazu würden vielerorts nicht berücksichtigt. Das Fazit der beiden Autoren dazu:

> „In einem sensiblen Lebensbereich wird so das Vertrauen in das Rechtssystem unterhöhlt."

Weber und Alberstötter berichten, dass es nach der Kindschaftsrechtsreform von 1998 – die die Rechte der Kinder und der unverheirateten, beziehungsweise geschiedenen Väter ausweitete – „massenhaft sogenannte hochstrittige Konflikte“ gab, für die die zuständigen Institutionen nur schlecht gerüstet gewesen seien. Da sei eine Hilflosigkeit „bis heute eindrücklich zu spüren“. Dazu fällt mir ein: Wer um die Jahrtausendwende herum schon Erfahrung in der Familiengerichtsbarkeit gesammelt hatte und trotzdem verstört angesichts der Konflikte war, die dort dann immer wieder ausgetragen wurden, begriff wohl nicht, dass solche Konflikte in der Vergangenheit oft dadurch unter der Decke gehalten worden waren, dass die Väter abserviert wurden und es mit sich alleine ausmachen mussten, wie sie ihren Schmerz verarbeiteten.

Hilflosigkeit ist vorprogrammiert, wenn jemand kaum auf seinen Beruf vorbereitet wird. Genau so ist es in Deutschlands Familiengerichten. Erst 2021 wurden Qualifikationsanforderungen für die FamilienrichterInnen in ein Gesetz gegossen. Seit Anfang 2022 gilt laut § 23b, Absatz 3 des Gerichtsverfassungsgesetzes (GVG):

> „Richter in Familiensachen sollen über belegbare Kenntnisse auf den Gebieten des Familienrechts, insbesondere des Kindschaftsrechts, des Familienverfahrensrechts und der für das Verfahren in Familiensachen notwendigen Teile des Kinder- und Jugendhilferechts sowie über belegbare Grundkenntnisse der Psychologie, insbesondere der Entwicklungspsychologie des Kindes, und der Kommunikation mit Kindern verfügen. Einem Richter, dessen Kenntnisse auf diesen Gebieten nicht belegt sind, dürfen die Aufgaben eines Familienrichters nur zugewiesen werden, wenn der Erwerb der Kenntnisse alsbald zu erwarten ist. “

Das ist wohl nur noch mit Zynismus zu ertragen: Richter in Familiensachen sollen über belegbare Kenntnisse auf den Gebieten des Familienrechts verfügen. So etwas steht in einem Gesetz! Doch trotz dieses Gesetzes besteht der Skandal im Grunde fort, denn da steht ja nicht, dass diese Voraussetzungen erfüllt sein müssen, sondern nur „sollen“. Das ist rechtlich ein fundamentaler Unterschied. Was nur sein „soll“, kann nicht juristisch erzwungen werden. Zudem sind die Formulierungen: „alsbald“, und: „zu erwarten“, dehnbare Begriffe.

Und das, sagen wir, Erzwingungsdefizit besteht schon immer, wie der erwähnte langjährige Familienrichter Jürgen Rudolph vom Amtsgericht Cochem (Rheinland-Pfalz), der heute noch als Anwalt tätig ist, 2020 in der ebenfalls bereits erwähnten Gesprächsrunde im SWR-Fernsehen nach der Ausstrahlung des Spielfilms *Weil du mir gehörst* erzählte. Er machte zunächst eine persönliche Bemerkung:

> „Als ich ein junger Richter war, habe ich aufgrund von Gutachten Eltern vom Umgang mit ihren Kindern ausgeschlossen. Diese Gutachten finde ich heute in einem ungeheuren Ausmaß wieder vor. Es hat sich definitiv seit 1979 nichts geändert."

Die damalige Eherechtsreform habe überhaupt erst die Familiengerichte geschaffen. Rudolph führte dazu aus, dass die damalige Gesetzesbegründung eine gesonderte familienrichterliche Ausbildung vorgesehen habe. Die gebe es aber nach wie vor nicht. Er selbst habe nach drei bis vier Jahren entschieden, nie wieder einen Elternteil vom Umgang mit seinem Kind auszuschließen (auf die Cochemer Praxis werde ich noch zu sprechen kommen). Er nehme das aber bis heute als sehr häufige Gerichtspraxis wahr.

Schon in seinem 2007 erschienenen Buch hatte Rudolph sehr deutliche Worte zum Qualifikationsmangel gewählt. Er vermisste besonders die Fähigkeit zur interdisziplinären Zusammenarbeit, nicht nur, aber auch in der Justiz, deren Personal die „Komplementärwissenschaften" Psychologie und Soziologie im Studium nicht belegen musste, vielleicht gar nicht konnte:

> „Besonders betroffen ist die deutsche juristische Ausbildung, deren Abschluss zwar die „Befähigung zum Richteramt" vorgibt, obgleich richterliche Qualitäten nicht vermittelt werden. Dieser Mangel schlägt sich besonders gravierend in der familienrichterlichen Tätigkeit nieder, deren Protagonisten ohne die notwendige Grundausstattung auf die wohl sensibelsten Bereiche der Menschen losgelassen werden. (…) Dynamische Prozesse – und darum handelt es sich bei familiären Beziehungen und insbesondere bei dem Leben eines Kindes – zu erfassen und zu begleiten, gar die ihnen angetragene Entscheidungshoheit auf die Eltern (zurück) zu übertragen, ist ihrem erlernten Handlungssystem fremd."

Denn, das hat Rudolph auch seitdem wiederholt betont: Nicht Konfliktlösung, sondern das Fällen streitiger Entscheidungen werde in der juristischen Ausbildung gelehrt. Demnach muss es Gewinner und Verlierer geben, was schon in der Braunschweiger Erhebung kritisiert wurde. Das geht natürlich vollkommen am Kindeswillen vorbei, denn ein Kind will normalerweise nicht, dass ein Elternteil weitgehend entrechtet und um den Großteil seiner Zeit mit ihm gebracht wird.

In seinem Buch greift Rudolph an einer Stelle zu einer besonders drastischen Formulierung:

> „Selbst erfahrene Familienrichter räumen ein, dass der lange Weg zu ihrer Kompetenz zu einem nicht unerheblichen Teil zu dem Preis einer familienpsychologischen 'Blutspur' zurückgelegt werden konnte. In den Rechtsmittelgerichten [also den höheren Instanzen; R.H.] hat diese Erfahrung häufig keinen Platz. Deren Stellen werden nach den Kriterien der Beamtenbeförderung und damit häufig mit Bewerbern aus anderen Fachrichtungen besetzt, die sich erst familienrechtliche Kenntnisse aneignen müssen."

Kompetenzaneignung mit Blutspur. Das ist so, wie einem Medizinstudenten zu sagen, nach Bestehen der Anatomie-Prüfung dürfe er in einem Krankenhaus losoperieren, denn er kenne ja nun den menschlichen Körper. Nach einigen Jahren wird sich der Student wohl die richtigen Fertigkeiten angeeignet haben – und eine Blutspur hinterlassen haben. In den Familiengerichten gilt sogar in den höheren Instanzen: Learning by doing. Die familienrichterliche Tätigkeit war in Deutschland somit schon immer sozusagen als Dauerpraktikum konzipiert: Einfach mal loslegen und sich bei der Arbeit die nötigen Kenntnisse aneignen.

Schon längst ist das zumindest einem Teil der Betroffenen selbst peinlich. In Berufsverbänden und Fachzeitschriften wird hin und wieder Kritik an diesen Zuständen geäußert. Besonders gut offenbar wurde das in einer Anhörung im Rechtsausschuss des Bundestags am 25. September 2019. Die von einigen Fachleuten dort gemachten Aussagen sind so krass, dass ich sie vielleicht nicht komplett glauben würde, läse ich darüber nur in indirekter Rede. Ich zitiere sie deshalb ausführlich.

Dr. Gudrun Lies-Benachib, Vorsitzende Richterin in der Außenstelle Kassel des Oberlandesgerichts Frankfurt am Main (das faktisch auch OLG Hessen genannt werden könnte), gab eine 25-seitige Stellungnahme ab, deren erste fast acht Seiten der Zustandsbeschreibung dienten. Sie begann dabei mit der Ausbildungssituation. Eine familienrechtliche Fortbildung habe oft nicht den Charakter einer Weiterbildung, sondern einer Erstausbildung, denn:

> „Familienrecht wird trotz seiner großen, nicht nur an Fallzahlen ablesbaren forensischen Bedeutung an den Universitäten annähernd als Neigungsfach unterrichtet, findet kaum Eingang in die erste Staatsprüfung und wird – wie eine Stellungnahme der wissenschaftlichen Vereinigung für Familienrecht aus dem Jahr 2016 besorgt feststellt – deswegen von den Kandidat*innen auch nicht gelernt."

In den allermeisten Bundesländern sei das Familienrecht kein vorgeschriebener Prüfungsbestandteil. Die Justizministerkonferenz habe es 2016 sogar ganz aus dem Pflichtstoff nehmen wollen, wie Lies-Benachib 2019 in einem Fachartikel anmerkte. Wie werden denn dann die ganzen Familiengerichtsstellen besetzt? Wer muss wann und wo eine Prüfung in Familienrecht bestehen? Solche Fragen gehen an der Realität vorbei, denn die wurde von der Richterin gegenüber dem Bundestag so geschildert:

> „Wer in die ordentliche Justiz geht, wird erleben, dass er dort eingesetzt wird, wo Not am Mann ist. Es ist fast ausgeschlossen, sich mit einer familienrechtlichen Neigung so in die Justiz zu bewerben, dass man künftig Familienrichter*in wird."

Wenn so eine Stelle besetzt werden muss, werde vielmehr „irgendjemand aus dem zur Verfügung stehenden richterlichen Personal ausgewählt", unabhängig von Vorkenntnissen oder überhaupt einem Interesse an dieser Tätigkeit, was bei den Betroffenen oft zu „enorm frustrierenden Erfahrungen" führe.

> „Denn in der Regel wird neben der erforderlichen Einarbeitung erwartet, dass die Dezernate mit allen anstehenden Fragen sofort voll versorgt werden, also sämtliche Akten bearbeitet und sämtliche anstehenden Entscheidungen (in Eilsachen sofort) gefällt werden. (...) Aus dieser für Anfänger höchst unbefriedigenden Arbeitssituation folgen Wechselwünsche – und das Auswahlkarussell dreht sich von neuem."

Das bedeute eine „vor allem aus Sicht der Rechtssuchenden überaus schädliche Fluktuation“ in dieser „ungeliebten Materie“, zu der auch Lies-Benachib selbst 2003 „völlig unvermittelt“ kam. Sie spricht also aus eigener Erfahrung:

> „Ich habe meine Ausbildung zunächst fast ausschließlich im Selbstlernverfahren hinter mich gebracht. Dieses ‘learning on the job’ ist im ersten Jahr meiner Tätigkeit durch eine dreitägige Anfängerfortbildung begleitet worden. Hier sind die Teilnehmer*innen einen Tag lang im Kindschaftsrecht, einen Tag lang Unterhaltsrecht, einen halben Tag Scheidungsrecht und einen halben Tag Versorgungsausgleichsrecht unterrichtet worden.“

Interessanter Begriff: Anfängerfortbildung. Ein Anfänger macht keine Fort-, sondern eine Ausbildung. Die Inhalte dieses nur dreitägigen Galopps durch verschiedene Rechtsgebiete erinnern daran, dass Familienrecht viel mehr umfasst als Kindschaftssachen. Manchmal geht es um viel Geld, und somit potenziell um wirtschaftliche Existenzen. Aber geht es um Kinder, haben die Fehler der „Anfänger“ oft noch drastischere Konsequenzen:

> „In den Bereichen, in denen Vermögenswerte zur Teilung anstehen, werden Fehler, die ihnen (und mir) in den ersten Jahren ihrer Tätigkeit unausweichlich unterlaufen, in der Regel durch erfahrenere Richter*innen am Oberlandesgericht korrigiert werden können. Eine solche Fehlerkorrektur ist aber faktisch ausgeschlossen, wenn in Kindschaftssachen die Zeit gegen die emotionalen Bindungen arbeitet, und deswegen falsche oder hinausgezögerte Entscheidungen Fehlentwicklungen zementieren, die von erfahrenen und gut ausgebildeten Richter*innen bereits nicht eingeleitet würden. Wird etwa ein Säugling zu Unrecht aus der Obhut seiner Mutter genommen, dann kann das Kleinkind nach einem Verfahrensgang von gut und gerne zwei Jahren nicht ohne tiefgreifende Schäden infolge des notwendigen Beziehungsabbruchs zur sozialen (Pflege-)Mutter in die Arme der tief traumatisierten leiblichen Mutter gegeben werden. Erhält ein Vater nach Trennung von der Mutter seiner Kinder keinen Umgang mit diesen Kindern, sind sie ihm nach Ende eines langen

> Verfahrensganges möglicherweise derart entfremdet, dass ein Beziehungsaufbau dauerhaft zum Scheitern verurteilt ist. Die Schäden, die Kinder hier erleiden können, sind teilweise irreversibel.“

Nicht nur in Sachen Interdisziplinarität (Kinderpsychologie usw.) sind die FamilienrichterInnen also anfangs blank, schon die Rechtsmaterie selbst kennen sie eventuell kaum. Und was heißt anfangs – so ein Anfang kann auch in einem Oberlandesgericht stattfinden, wie Lies-Benachib anmerkte:

> „Es darf nicht unerwähnt bleiben, dass der beschriebene Ausbildungsstand auch auf die in zweiter Instanz tätigen Richterinnen und Richter am Oberlandesgericht zutreffen kann. Es ist keineswegs Voraussetzung für die Tätigkeit in einem Familiensenat, zuvor in einer Verwendung bei einem Familiengericht Kenntnisse erworben zu haben. (...) Das gilt durchaus auch für Vorsitzende von Familiensenaten – und sogar für die beim Bundesgerichtshof in der Revisions- bzw. Rechtsbeschwerdeinstanz eingesetzten Bundesrichter*innen.“

Ein OLG-Senat besteht aus drei RichterInnen, die normalerweise zusammen Fälle bearbeiten und Beschlüsse fassen. Selbst jemand, der so ein Gremium für Familiensachen leitet, hat sich also eventuell in ganz anderen Rechtsbereichen nach oben gearbeitet. Und die Leute am Bundesgerichtshof, die in sehr seltenen Fällen (dazu mehr in Kapitel 6) OLG-Beschlüsse überprüfen, sind auch nicht alle wirklich vom Fach. Die Krönung des unglaublichen Irrsinns: Wird ein/e eingearbeitete/r Familienrichter/in mal befördert, führt das laut Lies-Benachib „mit einiger Wahrscheinlichkeit“ zu einem Wechsel des Rechtsbereichs. Dieser Mensch wird also seine kindschaftsrechtlichen Kenntnisse womöglich nie wieder brauchen. Die Blutspur seines Dauerpraktikums hat dann relativ wenig gebracht. Die Richterin zieht ein bemerkenswertes Fazit:

> „Hier zeigt sich besonders eindrucksvoll, dass das bestehende Ausbildungssystem und die bestehende Gerichtsverfassung schon strukturell die berechtigten Anforderungen an einen funktionierenden Rechtsstaat im Familiengericht nicht mit der notwendigen Zuverlässigkeit erfüllt.“

Strukturell bedingt ist es also unsicher, ob wir, wenn wir ein Familiengericht anrufen, rechtsstaatskonform behandelt werden. Und angesichts der Geschichte des deutschen Familienrechts und der Rechtsprechung müssen wir hinzufügen: Das war schon immer so.

Während Lies-Benachib nur kurz erwähnte, dass die dargelegten fundamentalen Defizite dazu führen, dass Jugendämter, Verfahrensbeistände und Sachverständige einen zu großen Einfluss auf die ziemlich ahnungslosen RichterInnen haben – und dass das EU-Parlament das in einem Beschluss vom 29.11.2018 hinsichtlich der deutschen Jugendämter auch bemängelt habe –, lieferte ihr Kollege Prof. Dr. Stefan Heilmann, ebenfalls Vorsitzender Richter am Oberlandesgericht Frankfurt am Main, in derselben Bundestagsanhörung dazu eine Erläuterung:

> „Ein nicht ausreichend qualifizierter bzw. fortgebildeter Familienrichter kann aus meiner Sicht die ihm verfassungsrechtlich zugestandene richterliche Unabhängigkeit nicht in der gebotenen Weise wahrnehmen. Warum ist das so? Der Begriff des Kindeswohls ist eine Generalklausel. Das Kindschaftsrecht verlangt die Berücksichtigung von außerjuristischen Erkenntnissen. Wenn hier kein Problembewusstsein der Richterschaft besteht, kann es passieren, dass andere Beteiligte – Sachverständige, Verfahrensbeistände, Jugendämter – vermeintlich überzeugende außerjuristische Argumente vortragen, denen dann gefolgt wird. Auch in diesen Bereichen gibt es aber ideologische Tendenzen, und das ist eine große Gefahr.“

Heilmanns Erfahrungen mit der skandalösen Praxis der Stellenbesetzung:

> „Derzeit ist es noch möglich, dass nach einjähriger Tätigkeit in der Staatsanwaltschaft die Versetzung in ein familienrichterliches Dezernat mit seinen hochkomplexen Verfahren, mit seinen hoch emotionalen Anhörungen und auch mit der Notwendigkeit der Anhörung traumatisierter Kinder, die hohe Anforderungen stellt, stattfindet. Aus meiner Sicht ist es im höchsten Maße bedenklich, dass es möglich ist, ohne jegliche Vorbildung in diesem Bereich tätig zu sein. Ministerien, Landesjustizverwaltungen und Gerichtspräsidenten sehen hierin häufig kein Problem. Dem Gebiet des Familienrechts wird insgesamt von innen und

> außen häufig mit – das muss man so deutlich sagen – Arroganz und Selbstüberschätzung begegnet."

Und seitens der politisch Verantwortlichen mit Ignoranz, wie wir in der Geschichte des (west)deutschen Familienrechts immer wieder gesehen haben. Heilmann erwähnte, dass die Problematik schon 2016 im Rechtsausschuss behandelt worden sei, und dass die Kinderkommission des Bundestags Handlungsbedarf betont habe, eine Gesetzesänderung sei aber ausgeblieben.

Dabei gehe es im Kindschaftsrecht „im wahrsten Sinne des Wortes um Menschenleben". Wer will schon so einen risikoreichen Job, wenn er nicht dafür qualifiziert ist? Carsten Löbbert, Präsident des Amtsgerichts Lübeck und Sprecher der Fachgruppe Familienrecht der *Neuen Richtervereinigung*, berichtete dazu in besagter Bundestagsanhörung laut Protokoll:

> „Wenn man einen Familienrichter sucht, der ein Familiendezernat übernehmen soll, muss man oft lange mit den Kollegen reden. Die Situation ist so, wie meine Vorredner das geschildert haben: sehr schwierig. Viele Personen wollen nicht. Wenn man dann eine Person überredet hat – schließlich werden Personen Familienrichter, die vorher nichts damit zu tun hatten, die vielleicht auch keine besondere Neigung dafür verspürt haben und die entweder, wenn Sie Glück haben, Feuer fangen und sich dann fortbilden und sich einarbeiten oder, wenn Sie Pech haben, nach drei, vier Jahren sagen: Jetzt ist aber gut, jetzt will ich wieder raus. Es kommt hinzu: Wenn Sie dann jemanden gefunden haben, der Familienrichter wird, dann ist für Präsidien und Gerichtsverwaltung häufig das Problem erledigt, alle gehen fröhlich ihren Geschäften nach. Ob der Richter sich einarbeitet, wie er sich einarbeitet, ob er sich mit den Vorschriften befasst, ob er sich auch mit allen anderen Dingen befasst, wird nicht überprüft. Wird auch nicht mehr unterstützt!"

Da sagt also ein Gerichtspräsident, er wisse nicht, ob sich alle seine Untergebenen „einarbeiten" und „mit den Vorschriften befassen"! In seiner schriftlichen Stellungnahme an den Rechtsausschuss hatte Löbbert dazu ausgeführt:

> „Derzeit wird es nämlich allein den Richterpersonen überlassen, ob und wie sie sich weiterbilden. Auch wenn es in einigen Bundesländern zunehmend familienrechtliche Fortbildungsveranstaltungen zu den 'nichtrechtlichen' Themen gibt, muss festgestellt werden: Es gibt heute in der deutschen Justiz kein Qualitätssicherungssystem, das verlässlich, verbindlich und nachprüfbar dafür sorgt, dass bei allen FamilienrichterInnen ein definierter Kenntnisstand vorhanden ist und erhalten bleibt. Ein Zustand, den man in kaum einem anderen sensiblen Bereich dulden würde!"

Joachim Lüblinghoff, Vorsitzender Richter am Oberlandesgericht Hamm und Vize-Vorsitzender des Deutschen Richterbunds, hielt dazu laut Protokoll fest:

> „Ich bin in meiner Vorbereitung [auf die Anhörung; RH] ganz erstaunt gewesen, dass es immer noch Bundesländer gibt, die diese Kosten nicht übernehmen – deswegen ist das für uns ganz wichtig. Viele Länder haben eine solche Regelung, für fast die Hälfte der Richter ist das in den Ländern geregelt."

Es gibt also keine Ausbildung, die Posten werden mit Laien besetzt, von denen unklar ist, ob sie sich wirklich einarbeiten, und die meisten derjenigen (wenigen), die vernünftigerweise mal einen Kurs belegen wollen, müssen dafür auch noch selbst bezahlen! Lüblinghoff sah immerhin eine Verbesserung hinsichtlich der Fort- beziehungsweise Ausbildungskurse – allerdings eine, die nur mit Zynismus zur Kenntnis genommen werden kann:

> „Defizite in der Fortbildung Familienrecht gab es in der Vergangenheit: Eine Woche Fortbildung, davon vier oder viereinhalb Tage zum Unterhaltsrecht. Heute hat sich das geändert. Früher war ein halber Tag Kindschaftsrecht – jetzt nähern wir uns in einigen Ländern, auch im Bund, 50 Prozent."

Familienrecht ist viel mehr als Kindschaftsrecht – und früher ging es offenbar in einer familienrechtlichen Fortbildung zum allergrößten Teil um Unterhaltszahlungen, womit übrigens auch Unterhalt für den anderen Elternteil gemeint sein kann, wenn eine Scheidung vorliegt. Jetzt geht es immerhin in einigen Teilen der Republik fast die Hälfte der Zeit – also sowas wie zwei Tage lang – um die Kinder.

Zwei Tage vor der Bundestagsanhörung hatte die *Süddeutsche Zeitung* zu diesem Thema einen Artikel mit der Überschrift veröffentlicht: „Learning by Doing auf heiklem Gebiet“. Dazu hatte sie unter anderen mit Isabell Götz gesprochen, der Vorsitzenden des Deutschen Familiengerichtstags. Das ist ein Verein für den fachlichen Austausch, der zweijährlich Konferenzen organisiert. Auch Götz sagte, es werde „zunehmend schwieriger“, Leute für die eher unbeliebte familienrichterliche Tätigkeit zu finden. Der Zeitung zufolge wurde bei der damaligen Konferenz zudem beklagt, „ein Kollege, der das Steuerreferat übernehme, werde erst einmal ein paar Wochen in Schulungen geschickt“. Hingegen ist die Lage an den Familiengerichten so, dass einer der Arbeitskreise jener Tagung einstimmig die Forderung beschloss:

> „Vor Übernahme eines Familiendezernats Teilnahme an einer einführenden Weiterbildung für Familienrichter*innen, die 4 Wochen nicht unterschreiten sollte.“

Ein anderer Arbeitskreis beschloss mit 33 Stimmen, bei 4 Enthaltungen, die Forderung:

> „Es soll eine Einarbeitungszeit für Familienrichter geben (Fortbildungen, Freistellung und Einarbeitung bei Fachkollegen mit Hospitation).“

Bei der folgenden Konferenz 2023 (2021 hatte es keine gegeben), forderte wieder ein Arbeitskreis einstimmig, dass „während der Fortbildung, die parallel zum Einsatz im Familienrichterdezernat stattfindet“, keine neuen Fälle zu bearbeiten sind. Es ist irre, fordern zu müssen, dass jemand während einer Fortbildung nicht dasselbe Arbeitspensum wie vorher leisten muss.

Auch der Rechtsanwalt Johannes Hildebrandt aus Schwabach bei Nürnberg, der nach eigener Aussage seit vielen Jahren ausschließlich im Kindschaftsrecht tätig ist, und außerdem auch in der Fachanwaltsfortbildung, durfte im Bundestagsausschuss vortragen. Er kritisierte in seiner schriftlichen Stellungnahme zunächst, dass die Mehrzahl der angehörten acht Sachverständigen RichterInnen waren, denn Hildebrandt hatte noch deutlichere Kritik auf Lager. Er war auch kritischer als der damals diskutierte Parlamentsantrag der Fraktion Bündnis 90 / Die Grünen, die diese Anhörung anberaumt hatte:

> „Die strukturellen Probleme sind größer und komplexer als im Antrag beschrieben, und die Auswirkungen fehlerhafter Verfahrensabläufe, gerade in den hochkonflikthaften Sorge- und Umgangsstreitigkeiten, sowie in komplexen Kinderschutzverfahren sind aus meiner Sicht nun tatsächlich in vielen Fällen gravierend, und in nicht wenigen Fällen tatsächlich verheerend. Dies betrifft auch das schwindende Vertrauen der rechtssuchenden Bevölkerung in die beteiligten Akteure, namentlich in das Jugendamt, aber auch in die Gerichte.“

Hildebrandt wies konkret darauf hin, dass in Kindschaftsverfahren oft gar nicht wirklich die Sachlage ermittelt wird:

> „Wo zum Beispiel in Ordnungswidrigkeitenverfahren prinzipiell die Möglichkeit besteht, jede einzelne Sachverhaltsfacette durch Einvernahme der etwa eine Geschwindigkeitsmessung durchführenden Polizeibeamten oder durch Sachverständigengutachten hinsichtlich der korrekten Funktionsweise von Geschwindigkeitsmessgeräten zu verifizieren oder zu falsifizieren, und damit eine solide Tatsachengrundlage vor Gericht festzustellen, findet sich der Anwalt in Sorge- und Umgangsverfahren einer Phalanx von Fachkräften gegenüber (Jugendamtsmitarbeiter, Sachverständige und oft auch Verfahrensbeistände), welche allesamt eine Fülle von Einschätzungen, Wertungen und Prognosen vortragen, hinter deren Gewicht die eigentlich entscheidungserheblichen Tatsachen zunächst einmal in den Hintergrund treten. Was wirklich passiert ist (z.B. konkrete Handlungen oder Unterlassungen, die dem Kindeswohl zuwiderlaufen können), bleibt nach Art, Intensität und konkreter Auswirkung auf das Kind oftmals unerforscht und unaufgeklärt. Zeugeneinvernahmen in kindschaftsrechtlichen Verfahren sind so selten wie ein vierblättriges Kleeblatt. (...) Mit anderen Worten: Die Herausarbeitung und Feststellung eines Sachverhalts wird im familiengerichtlichen Verfahren oft sträflich vernachlässigt.“

Das sei umso schwerwiegender, als es hier nicht um einzelne Sachverhalte geht, wie bei einer Geschwindigkeitsüberschreitung, sondern um eine lange familiäre Vorgeschichte mit potenziell schwer zu durchdringenden Dynamiken. Hildebrandt formulierte deutlich:

> „Der Prozessstoff ist also exorbitant umfangreicher als in beinahe jedem anderen Rechtsgebiet. Leider neigen Familienrichter und -richterinnen dazu, vor der Fülle dieses Tatsachenstoffs einzuknicken, bestrittene Tatsachen nicht aufzuklären und stattdessen vorschnell das Feld den 'Bewertern' und 'Einschätzern' zu überlassen, sprich: den Sachverständigen und Jugendämtern. Ohne einen hinreichend festgestellten Tatbestand (Sachverhalt) sind jedoch Einschätzungen und Bewertungen rein subjektiv, fehlerbehaftet und selbstbestätigend, mithin: rechtsstaatlich hochgradig zweifelhaft."

Das ist noch vornehm formuliert. Die Familiengerichte versuchen ja demzufolge normalerweise nicht mal, den Sachverhalt aufzuklären, wenn das Aufwand erfordert, beispielsweise die Befragung von Personen aus dem Familienumfeld. Diese Arbeitseinstellung hat mit einem Rechtsstaat ganz grundsätzlich nichts zu tun, denn so beruhen die Gerichtsbeschlüsse entweder auf persönlichen Eindrücken und Präferenzen der RichterInnen oder auf den Ansichten der von Hildebrandt erwähnten „Bewerter und Einschätzer" oder auf einer Mischung aus beidem. Der Anwalt ließ in der Anhörung laut Protokoll deutlich Frust ab:

> „Dieses routinemäßige Abspulen, dieses Abschreiben von Jugendamtsberichten, das macht mich krank. Das macht mich wirklich krank. Und die Familien, die betroffen sind, die macht das noch mehr krank."

Mit dem Verzicht auf die Sachverhaltsermittlung werden auch ganz konkrete gesetzliche Vorgaben missachtet. So lautet mit Nummer 26 einer der kürzesten Paragrafen des FamFG (das Gesetzbuch mit dem langen Namen, das die Verfahrensregeln für die Familiengerichte enthält):

> „Das Gericht hat von Amts wegen die zur Feststellung der entscheidungserheblichen Tatsachen erforderlichen Ermittlungen durchzuführen."

Dieser sogenannte Amtsermittlungsgrundsatz ist bedeutsam, denn in anderen Rechtsgebieten muss ein Gericht eventuell nicht über das hinausgehen, was die Streitparteien eingereicht haben. Ein Familiengericht hingegen muss permanent mitdenken und nicht nur offenen Fragen eigenständig nachgehen, sondern auch mal selbst Fragen aufwerfen. Sein Anspruch ist also höher als in anderen Rechtsgebieten, sein Handeln bleibt aber oft sogar hinter dem niedrigeren Ermittlungsanspruch anderer Gerichtstypen zurück! Anwalt Hildebrandt bot noch konkretere Kritik:

> „Nicht selten ist festzustellen, dass bereits grundlegende Kategorien des materiellen Rechts in der Richterschaft unbekannt sind. Hier spreche ich insbesondere den zu beachtenden Kindeswohlmaßstab an."

Er meinte damit den Unterschied zwischen § 1666 BGB und § 1671 BGB, den ich in Kapitel 2.2 anhand der Familie Fritz erklärt habe. Gemäß § 1666 kann eine Kindeswohlgefährdung, die egal wer einer Behörde melden kann, zum Entzug der elterlichen Sorge und sogar zur Entnahme des Kindes aus der Familie führen. Bei § 1671 hingegen, der nur von einem Elternteil genutzt werden kann, geht es um die Frage, bei wem das Kind am besten aufgehoben ist. Da wird auch das Kindeswohl erörtert, aber es geht typischerweise nicht um große Gefährdungen. In dem einen Paragrafen geht es also um etwas Absolutes: Ist die Grenze zur Gefährdung des Kindeswohls überschritten? In dem anderen geht es um etwas Relatives: Bei welchem Elternteil soll das Kind hauptsächlich leben, weil es dort besser aufgehoben ist als beim anderen? Es ist also nicht derselbe Kindeswohlmaßstab. Dieser Unterschied ist schnell erklärt und nicht schwer zu verstehen, wird aber laut Hildebrandt in den Familiengerichten nicht überall verstanden:

> „Dass diese Unterscheidung in erster und zweiter Instanz (Oberlandesgerichte) nicht selten unbekannt ist, zeigen entsprechende aufhebende Entscheidungen des Bundesverfassungsgerichts. Solche Fehler dürften schlichtweg nicht passieren. Ein Familienrichter muss diese Unterscheidung im Schlaf beherrschen."

Vier Jahre nach dieser Anhörung wies auch der Hamburger Rechtsanwalt Matthias Bergmann in seinem Beitrag für den Bericht zur Braunschweiger Erhebung darauf hin, dass in Familiengerichten selten die Sachlage ermittelt wird:

> „Nahezu flächendeckend werden im Kindschaftsrecht die Anforderungen der Unmittelbarkeit der Beweiserhebung ignoriert. Richter delegieren häufig nicht nur juristische Fragestellungen an Gutachter, sondern überlassen Gutachtern auch die Befragung aller möglicher Dritter. Selbst strittiger Vortrag von Dritten wird nur in seltenen Einzelfällen durch eine ordnungsgemäße Zeugenbefragung durch das Gericht beleuchtet. Statt unmittelbarer Zeugenbefragung nutzen viele Familiengerichte das Jugendamt als Ermittlungsbehörde. Genauso werden Verfahrensbeistände als Ermittlungspersonen des Gerichtes genutzt. So kommt es dazu, dass Verfahrensbeistände von Gesprächen mit Kindergärtnerinnen, Lehrern und sonstigen Dritten berichten, ohne dass diese Personen durch das Gericht direkt angehört werden.“

Auch Bergmann kritisierte das erbärmliche Niveau der RichterInnen, fügte aber hinzu:

> „Bei den Anwälten sieht es nur unwesentlich besser aus. In den Fachanwaltslehrgängen für Familienrecht sind von den 120 Theoriestunden nur wenige Stunden für eine oberflächliche Befassung dem Kindschaftsrecht gewidmet. Tatsächlich drückt sich diese mangelnde Relevanz des Kindschaftsrechts für viele Anwälte für Familienrecht auch darin aus, dass über mehrere Fachanwaltslehrgänge in meiner Kanzlei die Dozenten das Kindschaftsrecht als ‘Glücksspiel’ bezeichneten.“

Nicht zu vergessen: Die anderen Bereiche des Familienrechts sind tendenziell lukrativer. Wenn sich die Eltern über die Betreuung eines Kleinkindes streiten, beträgt der Verfahrenswert nur einige Tausend Euro (das ist eine pauschale Festlegung, denn jedes Verfahren muss einen Streitwert haben). Bei Scheidungs- und Unterhaltsstreitigkeiten ist er bisweilen sehr hoch, etwa wenn ein Eigenheim im Spiel ist. Bergmanns Formulierung: „mangelnde Relevanz des Kindschaftsrechts für viele Anwälte für Familienrecht“, ist beängstigend – anscheinend müssen wir froh sein, überhaupt jemanden zu finden, der uns rechtskundig gegenüber den eher rechtsunkundigen Gerichten vertritt.

Bergmann kritisierte die Zustände mindestens anderthalb Jahre nach Inkrafttreten der erwähnten neuen gesetzlichen Vorgaben für die FamilienrichterInnen, und er erwähnte keinen positiven Effekt der neuen Rechtslage. Aber vielleicht gibt es auch gar keine neue Rechtslage, denn im Gesetz steht ja nur „sollen". Wie wird denn nun dieses Gesetz umgesetzt? Da ich sowieso mit dem AG und dem OLG Braunschweig in Kontakt war, habe ich auch das versucht, in Erfahrung zu bringen. Meine Frage im Januar 2025 lautete: „Welche Vorgaben gibt es bezüglich der Qualifikationen der RichterInnen an Ihrem Gericht, etwa hinsichtlich konkreter Bildungsveranstaltungen/-zertifikate oder Träger, die das anbieten?"

Das AG verwies mich ans Landesjustizministerium oder ans OLG, da diese beiden Institutionen „die Anforderungen statuieren". Das OLG hingegen schrieb mir:

> „Es gibt konkrete gesetzlichen Vorgaben dazu, über welche Qualifikationen Familienrichterinnen und Familienrichter verfügen müssen. Wie diese Qualifikationen erworben werden, ist nicht im Gesetz festgeschrieben. Es ist Aufgabe des Präsidiums der jeweiligen Gerichte, sich davon zu überzeugen, dass eine Richterin oder ein Richter über die notwendige Qualifikation verfügt oder diese zeitnah (wie vom Gesetz erwartet) erwerben wird."

Da fällt schon mal auf, dass die als Pressesprecherin fungierende Richterin das zitierte Gesetz nicht kennt, oder nicht genau gelesen hat, denn im Gesetz steht nicht „müssen", sondern „sollen". Vor allem aber steht der letzte Satz ihrer Antwort im Widerspruch zur Antwort des AG. Legt das OLG, oder jedes AG-Präsidium fest, wie die richterlichen Qualifikationen zu beurteilen sind? Auf meine Nachfrage hin schreibt die OLG-Pressesprecherin:

> „Die Antwort des Amtsgerichts Braunschweig ist m.E. dahingehend zu verstehen, dass auf das Fortbildungsangebot des Niedersächsischen Justizministeriums und des Oberlandesgerichts Braunschweig Bezug genommen wird, das auch zu der Qualifikation der Familienrichterinnen und Familienrichter beiträgt. Daneben gibt es noch weitere überregionale Fortbildungsangebote (s. auch Richterakademien). Damit werden aber nicht die Anforderungen 'statuiert'. Die Vorschrift des § 23b GVG richtet sich an das Präsidium. Dieses entscheidet über die Zuweisung der Familiensachen und darüber, welche Richterinnen und Richter über die geforderten Qualifikationen verfügen. Insoweit

bleibt es eine Einzelfallentscheidung des Präsidiums, ob es die Qualifikation für belegt erachtet."

Die Pressestelle des AG nimmt ihre Aussage zurück und stimmt dem OLG zu. Angesichts des Personalmangels und der traditionellen fachlichen Verlotterung in den Familiengerichten sowie der bloßen Soll-Vorschrift im Gesetz ist also wohl davon auszugehen, dass sich durch die Gesetzesreform nichts Wesentliches geändert hat. Ich habe dann noch Niedersachsens größtes Amtsgericht angefragt, nämlich das in Hannover. Die Antwort: Das Vorliegen der vom GVG verlangten Voraussetzungen „überprüft das Präsidium jeweils im Einzelfall bevor eine Person mit einer familienrechtlichen Abteilung betraut wird".

Alle drei niedersächsischen Gerichte haben also (erst mal) an meiner Frage vorbei geantwortet, denn ich hatte nach konkreten Zertifikaten gefragt, die als Nachweise für die im Gesetz genannten Qualifikationen akzeptiert werden. Nur das OLG nannte dazu in seiner zweiten Antwort Institutionen, die Kurse anbieten. Ich hatte so konkret gefragt, und wiederholte diese Frage auch, weil es offenbar in der Vergangenheit eine völlig unzureichende Versorgung mit familienrechtlichen Fortbildungen gegeben hatte. Ein einheitliches Vorgehen, irgendwelche Vorgaben sind also selbst auf der Ebene einzelner Gerichte nicht gegeben, denn sonst wären mir Zertifikate genannt worden, anhand derer üblicherweise die richterlichen Qualifikationen überprüft werden. Das könnte daran liegen, dass es gar keine wirklichen gesetzlichen Vorgaben gibt. Ich interpretiere dieses Antwortverhalten so, dass Fort- beziehungsweise Ausbildungskurse nach wie vor nicht die Rolle spielen, die sie eigentlich spielen müssten.

Ein bisschen besser machte es die Justizverwaltung des Berliner Senats, sozusagen das Landesjustizministerium. Sie schrieb mir:

> „In § 23b GVG ist geregelt, dass Richter in Familiensachen über belegbare Kenntnisse auf den Gebieten des Familienrechts, insbesondere des Kindschaftsrechts, des Familienverfahrensrechts und der für das Verfahren in Familiensachen notwendigen Teile des Kinder-und Jugendhilferechts sowie über belegbare Grundkenntnisse der Psychologie, insbesondere der Entwicklungspsychologie des Kindes, und der Kommunikation mit Kindern verfügen müssen. Einem Richter, dessen Kenntnisse auf die-

> sen Gebieten nicht belegt sind, dürfen die Aufgaben eines Familienrichters nur zugewiesen werden, wenn der Erwerb der Kenntnisse alsbald zu erwarten ist. In Berlin werden regelmäßig entsprechende Fortbildungen vom Gemeinsamen Juristischen Prüfungsamt für alle Familienrichter angeboten."

Immerhin scheint hier eine Behörde Fortbildungen anzubieten. Aus der Antwort geht aber nicht hervor, wie viele dieser Angebote es pro Jahr gibt, wie sie angenommen werden, und inwieweit irgendjemand den Qualifikationserwerb überprüft oder gar durchsetzt. Das ist nicht die einzige Parallele zu den Antworten aus Niedersachsen. Auch hier wurde ich auf das Gesetz verwiesen, was mir nichts bringt, denn ich hatte ja nach seiner Umsetzung gefragt. Und auch diese Antwort enthält denselben bemerkenswerten Fehler wie die des OLG Braunschweig. Satz Nummer zwei ist eine wörtliche Kopie aus dem Gesetz. Die lange Aufzählung im ersten Satz ist das ebenfalls, aber da dieser Satz mit den Worten beginnt: „In § 23b GVG ist geregelt, dass", konnte die Justizpressesprecherin den Gesetzestext nicht wörtlich kopieren, sondern musste das Verb an das Ende des Satzes stellen – und da schrieb sie: „müssen", was falsch ist.

Es entsteht der Eindruck, dass die gewohnheitskriminellen Familiengerichte mit ihrer geschönten Fassade in § 23b GVG auch Leute täuschen, die für sie Öffentlichkeitsarbeit machen, denn die lesen die Qualifikationsvorgaben eventuell ungenau und gehen dann davon aus, dass die verpflichtend sind – das entspricht wohl dem gesunden Menschenverstand. Wer sich nicht mit den Familiengerichten auskennt, kommt kaum auf den Gedanken, dass deutsche FamilienrichterInnen auch 2025 noch immer nicht gezwungen sind, Ahnung von der Materie zu haben, die sie anwenden müssen. Beim Deutschen Familiengerichtstag sprach sich sowohl 2019 als auch 2023 ein Arbeitskreis fast einstimmig dafür aus, aus der gesetzlichen Soll-Regelung eine Pflicht zu machen. Doch noch immer verstößt Deutschland zumindest gegen den Geist von Artikel 3 der UN-Kinderrechtskonvention, wo unter anderem gefordert wird:

> „Die Vertragsstaaten stellen sicher, dass die für die Fürsorge für das Kind oder dessen Schutz verantwortlichen Institutionen, Dienste und Einrichtungen den von den zuständigen Behörden

festgelegten Normen entsprechen, insbesondere im Bereich der Sicherheit und der Gesundheit sowie hinsichtlich der Zahl und der fachlichen Eignung des Personals und des Bestehens einer ausreichenden Aufsicht."

Ich habe zu dieser Thematik Fachleuten eine Anfrage geschickt, deren Wortlaut ich hier fast komplett wiedergebe, da die Reaktionen darauf bedeutsam sind:

„1.) Nach meinem Verständnis ist die Soll-Regelung in § 23b Absatz 3 Satz 3 GVG juristisch im Grunde nichtig. Ich sehe mich darin bestätigt angesichts der Empfehlungen des Arbeitskreises 1 des Deutschen Familiengerichtstags von 2023. Inwieweit ist die aktuelle gesetzliche Vorgabe für die Gerichte zwingend, beziehungsweise juristisch durchsetzbar? Mir scheint sie vor allem Kosmetik zu sein, eine Art Beruhigungspille für die Laienöffentlichkeit. Nach meinem Verständnis können Familienrichter weiterhin ohne entsprechende Ausbildung arbeiten.
2.) Diese Gesetzeslage scheint der UN-Kinderrechtskonvention zu widersprechen, Artikel 3, Absatz 3. Meine Frage ist nun, inwieweit Ihnen Beschwerden beim UN-Kinderrechtskomitee gegen Deutschland wegen der unzureichenden fachlichen Eignung der Familienrichter/innen bekannt sind, beziehungsweise als wie aussichtsreich Sie so eine Beschwerde ansehen."

Der Deutsche Familiengerichtstag, der Verein, der sich der Weiterentwicklung des Familienrechts widmet und dessen Vorstand aus RichterInnen, AnwältInnen und ProfessorInnen besteht, antwortet mir:

„Wir bitten um Verständnis, dass wir zu Einzelfragen oder einzelnen Projekten keine dezidierten Stellungnahmen abgeben. Wir verweisen insoweit auf die Stellungnahmen unserer Kommissionen sowie die Empfehlungen des Vorstandes des DFGT, die Sie auf unserer Homepage finden. Wir erlauben uns den Hinweis, dass die Vorschläge aus den Arbeitskreisen der Förderung des Familienrechts und der Unterstützung aller Beteiligten dienen sollen. Insoweit wird die Auslegung, die Sie aus den Empfehlungen des Arbeitskreises Nr. 1 / 2023 ableiten, von uns nicht bestätigt. Insbesondere ist unsererseits hiermit keine Grundsatz-

> kritik an den fachlichen Qualifikationen der Familienrichter per se verbunden."

Diese Antwort ist auffällig unsinnig. Ich hatte nichts zu irgendwelchen Projekten gefragt, und auch keine Einzelfragen gestellt, sondern allgemeine Fragen. Unsinnig ist auch der Bezug auf den Arbeitskreis von 2023. In dessen Empfehlungen ist zum einen zu lesen: „§ 23b Abs. 3 Satz 4: Einem Richter, dessen Kenntnisse .... nicht belegt sind, dürfen die Aufgaben eines Familienrichters nicht zugewiesen werden." Das ist eine Forderung nach einer Umformulierung des Gesetzes, denn aktuell steht da: „(…) nur zugewiesen werden, wenn der Erwerb der Kenntnisse alsbald zu erwarten ist". Zum anderen steht in den Empfehlungen: „Richter in Familiensachen müssen über belegbare Kenntnisse verfügen (SOLLEN abändern)." Auch da geht es um eine Umformulierung des Gesetzes, die Soll-Regelung wird abgelehnt. Beide Zitate stehen für eben die „Grundsatzkritik an den fachlichen Qualifikationen der Familienrichter", die der Verein angeblich nicht hat. Wer ein gesetzliches Verbot, beziehungsweise einen gesetzlichen Zwang fordert, wie in den beiden zitierten Formulierungen, der hat eine Grundsatzkritik am aktuellen Zustand. Auffällig ist zudem, dass der DFGT auf meine Fragen zur UN-Konvention gar nicht eingeht.

Dieselben Fragen schickte ich auch dem *Deutschen Anwaltverein* (DAV), genauer gesagt dessen Geschäftsführerin Christine Martin, denn ihre E-Mail-Adresse ist im Internet bei der Selbstdarstellung des DAV-Ausschusses Familienrecht angegeben. Ich erhielt eine automatische Eingangsbestätigung mit dem Hinweis, dass Frau Martin am folgenden Tag „wieder im Büro erreichbar" sein würde. Da auch nach einer Woche keine Antwort kam, rief ich in der Geschäftsstelle an und schickte die Anfrage dann nochmal an die Assistentin, mit der ich gesprochen hatte. Schon drei Stunden später kam die Antwort von Christine Martin:

> „Unsere Vorsitzende ist derzeit im Urlaub. Wir können daher Ihre Fragen nicht beantworten und bitten höflich um Ihr Verständnis."

Vermutlich ist die Vorsitzende des Familienrechtsausschusses gemeint, denn der DAV hat einen Präsidenten. Dass meine Fragen nicht beantwortet werden können, ist jedenfalls angesichts des im Internet angegebenen Geschäftsstellenteams des DAV unglaubwürdig. Da arbeiten zwei HauptgeschäftsführerInnen, sechs GeschäftsführerInnen und vier ReferentInnen, die alle RechtsanwältInnen sind. Zudem sind drei Leute mit dem Titel „Ass. jur." gelistet, die also das zweite Staatsexamen absolviert, aber keine Zulassung als AnwältInnen haben. Alle diese Leute können erklären, welche Auswirkung eine Soll-Regelung in einem Gesetz hat. Auf meine Fragen, ob es eine Woche später ging, und an welche Mitglieder des Familienrechtsausschusses ich mich wenden konnte, kam keine Antwort mehr.

Daraufhin schickte ich dieselben Fragen an Bettina Heiderhoff, Jura-Professorin am Institut für Deutsches und Internationales Familienrecht der Universität Münster. Da sie mir auch nach einer Woche nicht, wie von mir erbeten, geantwortet hatte, wandte ich mich an die Universitätspressestelle, und von der kam schon nach weniger als einer Stunde – was sehr außergewöhnlich ist – die Antwort, „dass Frau Prof. Dr. Heiderhoff nicht zur Verfügung steht. Leider kann ich Ihnen auch keinen anderen Experten nennen."

In 15 Jahren hauptberuflichem Journalismus, in denen ich immer mal wieder kritische Anfragen gestellt habe, bin ich vielleicht noch nie auf so eine Mauer des Schweigens gestoßen. Das Antwortverhalten der Angefragten ist auch bemerkenswert, weil sich meine Kritiken nicht gegen sie richteten. Offenbar wollen verschiedene gewichtige juristische Akteure nicht dazu beitragen, die tönernen Füße zu beschädigen, auf denen Deutschlands Familiengerichte stehen.

5.2 Die auch im Ausland negativ aufgefallene Narrenfreiheit der Jugendämter

Auf die RichterInnen ist also kein Verlass. Es ist verständlich, wenn von juristischer Seite bemängelt wird, dass sie durch ihren Qualifikationsmangel in einem Ausmaß von den Einschätzungen der beruflichen Verfahrensbeteiligten abhängig sind, das die offizielle richterliche Unabhängigkeit unterläuft. Aus Kindesperspektive muss das aber nicht unbedingt schlimm sein, denn das Jugendamt hat ja einen umfassenden gesetzlichen Auftrag, sich für das Kindeswohl einzusetzen. Wenn es auf dieser Grundlage dem Gericht Empfehlungen macht, kann das ja zu einem guten Gerichtsbeschluss führen. Doch leider sind Deutschlands Jugendämter ähnlich kriminalitätsbelastet wie die Familiengerichte. Auch sie kümmern sich nicht angemessen um die Gesetzeslage.

Der gesetzliche Auftrag der Jugendämter ist im Sozialgesetzbuch 8 konkret festgelegt, abgekürzt: SGB VIII. Da stehen ganz am Anfang die ideellen Grundlagen, sozusagen die Leitsätze, und zum Beispiel in den Paragrafen 16, 17 und 18 Möglichkeiten und Pflichten, wie Familien zu helfen ist. Da geht es nicht nur um Beratung zur guten Behandlung von Kindern, zur Deeskalation von Elternkonflikten und Weiterem, sondern auch konkret um Hilfe bei der Durchsetzung von Umgangsregelungen, also Treffen zwischen Kind und schlechtergestelltem Elternteil. Viele gesetzlich geregelte Hilfsangebote beziehen sich nur auf sorgeberechtigte Eltern, aber ein Recht auf Hilfe des Jugendamts bei der Durchsetzung dieser Treffen haben sowohl die Kinder als auch die nicht sorgeberechtigten Eltern. Doch leider werden die Jugendämter sehr oft nicht nur konkreten Paragrafen des SGB VIII nicht gerecht, sondern legen ein ähnlich willkürliches, von persönlichen Ansichten geprägtes Verhalten an den Tag wie die RichterInnen.

Der Rechtsanwalt Johannes Hildebrandt brachte in seiner schriftlichen Stellungnahme für die Bundestagsanhörung vom 25.9.2019 auch ausführliche Kritik an den Jugendämtern zur Sprache. Dieser Abschnitt trägt die Überschrift: „Das Jugendamt als Teil des Problems statt Teil der Lösung“. Seine vorgetragenen Kritikpunkte mussten eigentlich wohlbekannt sein, denn er stützte sich auch auf Fachartikel, die bis 1994 zurückreichen:

> „Hinsichtlich der Qualität von jugendamtlichen Stellungnahmen im familiengerichtlichen Verfahren wird seit langem Kritik an der diagnostischen Fachkompetenz im Jugendamt geübt, die bis heute nicht abgerissen ist. Als fehleranfällig erweist sich oft bereits die absolut notwendige Unterscheidung zwischen Darstellung von Sachverhalten einerseits, und der Bewertung dieser Sachverhalte andererseits. Oft werden unwissenschaftliche ‘Laientheorien’ gutachterlichen Stellungnahmen zugrunde gelegt, die auf Grundlagen basieren, die außerhalb der wissenschaftlichen Psychologie anzusiedeln sind. Bei der Planung und Durchführung von Anhörungen der Kinder, ebenso der Eltern, sind ähnliche Defizite festzustellen wie bei Richtern und Verfahrensbeiständen.“

Schon das klingt nach völliger Unprofessionalität, ist aber noch nicht das Schlimmste. Hildebrandt kritisierte, dass Jugendamtsangestellte im Familiengericht nicht als ZeugInnen gelten, und damit nicht wegen Meineids oder uneidlicher Falschaussage belangt werden können:

> „Im Klartext: Sie können straflos lügen, aufbauschen, beschönigen, weglassen. Dies ist ein strukturelles Ungleichgewicht, welches nur dadurch aufgewogen werden kann, dass das Familiengericht bei der Sachverhaltsfeststellung entscheidungserheblicher, aber bestrittener Tatsachen in gebührendem Ausmaß auf die förmliche Beweiserhebung zurückgreift. Dies wird aber häufig unterlassen. Stattdessen schließt sich das Gericht den „überzeugenden Ausführungen des Jugendamts“ an, und setzt damit faktisch die jugendamtliche Überzeugungsbildung an die Stelle der richterlichen Überzeugungsbildung. Dies ist im Hinblick auf Artikel 19, Absatz 4 Grundgesetz ein nicht hinnehmbarer Zustand.“

Die besagte Stelle im Grundgesetz lautet: „Wird jemand durch die öffentliche Gewalt in seinen Rechten verletzt, so steht ihm der Rechtsweg offen.“ Das Jugendamt ist Teil der öffentlichen Gewalt. Wenn sich das Gericht aber vorschnell nach ihm richtet, beachtet es eventuell die Verletzung eines Elternrechts durch das Jugendamt nicht. Hildebrandt fügte hinzu, dass Jugendämter auf gerichtliche Stellungnahmen von Eltern oft gar nicht oder nur pauschal antworteten, und von den Gerichten auch nicht dazu gezwungen würden. Seine Forderung:

> „Es muss endlich aufhören, dass die Jugendämter die eigentlichen Herren des Verfahrens sind.“

Der Verein *Papa Mama Auch*, der die Braunschweiger Erhebung durchgeführt hat, hatte schon vorher einen sogenannten *Zustandsbericht zur Lage des Familienrechts in Deutschland 2020/21* veröffentlicht. Dafür hatte er im August und September 2019 einen Fragebogen ins Internet gestellt, der rund 1200 Mal ausgefüllt wurde, darunter knapp 900 Mal von Menschen, die angaben, selbst Eltern zu sein, die Familiengerichtsverfahren erlebt hatten. Im Bericht geben zudem acht Fachleute aus diversen relevanten Arbeitsbereichen allgemeine Stellungnahmen ab.

Da die Befragung Eltern-Kind-Entfremdung fokussierte, war die Frage enthalten: „Wo sehen Sie die Urheberschaft der Entfremdungsaktivitäten?“ Von zehn Antwortmöglichkeiten – die sich zum größten Teil nicht gegenseitig ausschlossen – wurde am häufigsten, nämlich in knapp 60 Prozent aller Fragebögen, angekreuzt: Jugendamtsmitarbeitende. Mit einem Prozentpunkt weniger kam auf Platz zwei: Beim anderen Elternteil allein. Noch ein paar Prozentpunkte weniger hatte die Antwort: Beim anderen Elternteil, beeinflusst durch Dritte. Das Jugendamt wurde also von den Befragten als schlimmer erlebt, als der von Entfremdung profitierende Elternteil und dessen Umfeld.

Den Kölner Guido R. Lieder hat das wahrscheinlich nicht gewundert. Er wird in dem Bericht als Mediator, Berater im Jugendhilfebereich, Verfahrensbeistand und Fachbereichsleiter Familienmediation im *Verband Integrierte Mediation* vorgestellt. Seine Stellungnahme war scharf:

> „Fachkreisen sind die in der vorliegenden Umfrage aufgezeigten Missstände und Defizite schon lange bekannt. Vor allem die Jugendhilfe und die Familiengerichte gelten in diesem Kontext schon länger als sehr problematisch und qualitativ defizitär.“

Qualitätsentwicklung und -sicherung gebe es in der Jugendhilfe kaum. Zu nennen seien da auch „die beharrlichen Defizite der vielen kommunalen Jugendhilfeausschüsse“, also der politischen Gremien, die über die Jugendämter wachen müssen, „jedoch oft selber die Missstände einfach ignorieren oder diese Missstände aufgrund ihrer eigenen mangelnden Fachkenntnisse und mangelnden Einblicke gar nicht verstehen oder durchschauen können.“ Deshalb komme es in Familiengerichtsverfahren oft zu „hilflosen und mangelhaften oder sogar falschen Stellungnahmen“ der Jugendämter.

Es wird tatsächlich seit vielen Jahren nicht nur in der Fachwelt kritisiert, dass Deutschlands Jugendämter keine Fachaufsicht haben. Sie sind Einrichtungen der Kommunen und Landkreise, und bei denen ist, kurz gesagt, keine weitere Instanz vorgesehen, die sich gut mit der Kinder- und Jugendhilfe auskennt. Deshalb kursiert seit langem die Klage, dass die politischen Verantwortlichen ihre Jugendämter trotz vorliegender Beschwerden meistens im Grunde gewähren lassen. Das Übel ist auch längst im Ausland aufgefallen – sogar schon bezüglich Eltern-Kind-Trennungen. So war in einem Artikel der *Frankfurter Allgemeinen* vom 24.11.2011 zu lesen:

> „Der Petitionsausschuss des Europaparlaments ist der Auffassung, dass die Bundesrepublik Deutschland die Menschenrechte missachtet hat, indem die Organe des Staates zugelassen haben, dass einige von ihren Kindern getrennt lebende Väter und Mütter keinen Umgang mehr mit ihren Kindern haben. 'Wir haben den Eindruck, dass es sich hier um ein wiederkehrendes und strukturelles Problem handelt, dem niemand wirklich zu Leibe rücken möchte. Man steckt lieber den Kopf in den Sand. Das finden wir unmöglich und schockierend', sagt Philippe Boulland, Leiter einer Arbeitsgruppe im Petitionsausschuss, die sich mit dem Thema Jugendämter befasst, und Abgeordneter der konservativen Europäischen Volkspartei (EVP)."

Wegen 120 Petitionen gegen deutsche Jugendämter war nun eine Delegation des EU-Parlaments auf Regierungsbesuch in Berlin. Es ging um (wahrscheinliche) Verstöße gegen die Europäische Menschenrechtskonvention, die UN-Kinderrechtskonvention und die EU-Grundrechtecharta. Die kritisierten Jugendämter hatten sich demnach über Anweisungen von Familiengerichten hinweggesetzt oder Fehler gemacht, die von keiner übergeordneten Instanz unterbunden wurden. Die Zeitung hielt fest:

> „Vor vier Jahren ist schon einmal eine Delegation nach Deutschland gereist, um die Willkür der deutschen Behörden und die daraus resultierende Machtlosigkeit mancher Eltern anzuprangern. 'Auf unsere damalige Intervention hat Deutschland nicht reagiert. Wir finden das nicht normal', sagt Boulland."

Am 15.11.2018 fasste das Plenum des EU-Parlaments einen Beschluss, in dem die sehr große Zahl von Petitionen hervorgehoben wird, die das Parlament in den vorangehenden zehn Jahren von nichtdeutschen Eltern zum Verhalten deutscher Jugendämter erhalten hatte. Es ging wieder um willkürliche Maßnahmen in grenzüberschreitenden Familienstreitigkeiten.

Die Jugendämter sind besonders umstritten, wenn sie Kinder aus Familien nehmen und in Heime stecken (Stichwort „Kinderklau", siehe Internet), was nicht mein Thema ist. Aber auch bei weniger heiklen Tätigkeiten ist auf sie kein Verlass. Ein Hinweis darauf findet sich im bereits erwähnten Interview mit Axel Biere, Regionalleiter im Jugendamt Berlin-Pankow, im sogenannten Väterratgeber:

> „Väter ohne Sorgerecht berichten immer wieder, dass sie beim Jugendamt überhaupt nicht beraten werden. Wie ist denn die rechtliche Situation?
>
> Väter, die kein Sorgerecht haben, haben dennoch ein Umgangsrecht, und zum Umgangsrecht muss das Jugendamt beraten. Wenn die Mitarbeiter das nicht tun, dann ist das eine Pflichtverletzung, und dann sollte sich der betroffene Vater beschweren. Es gibt im Jugendamt, wie auch sonst überall, gute und schlechte Mitarbeiter. Es gibt wenige, die nehmen das Umgangsrecht nicht sonderlich ernst. Denen muss man auf die Sprünge helfen. Man muss heute nicht mehr unbedingt Angst haben, benachteiligt zu werden, wenn man versucht, sein Recht umzusetzen. Diese Zeiten sind vorbei."

Es gab also Zeiten, da musste ein staatlich anerkannter Vater, der eine Behörde auf ihre Pflicht, ihn zu beraten, hinwies, mit einer Benachteiligung seitens dieser Behörde rechnen, weil er dort eventuell auf die Haltung traf, dass seine Kontakte zu seinem Kind nicht wirklich wichtig waren.

Und noch einen Hinweis finde ich wichtig. Die Eruierung der Ursachen für die offenbar massenhaft auftretenden jugendamtlichen Gesetzesbrüche ist nicht einfach. Aber dass es nicht nur an mangelnder Qualifikation liegt – immerhin hat das dortige Personal, anders als an den Gerichten, zumindest theoretisch eine angemessene fachliche Ausbildung –, und auch nicht nur an der allseits bekannten Überarbeitung, sondern auch mit behördlicher Arroganz zu tun haben kann, legt eine Erkenntnis der Braunschweiger Erhebung nahe:

> „Aus den in diesem Bericht analysierten Akten ist erkennbar, dass die Erkenntnisse und Einschätzungen der Familienberatungsstellen kaum bis gar nicht durch das Jugendamt in die Verfahren eingebracht werden, obwohl diese deutlich mehr mit den Eltern arbeiten, als es das Jugendamt macht. (...)
>
> Zumindest für den Standort Braunschweig können wir aus dieser Erhebung heraus zu der Überzeugung gelangen, dass die

Familienberatungsstellen insgesamt die beste Arbeit aller kindschaftsrechtlichen professionell Beteiligten leisten."

5.3 Die gesetzlichen Anforderungen an die Verfahrensbeistände sind eine Farce

Im letztgenannten Zitat wird deutlich, dass auch die Verfahrensbeistände starke Kritik auf sich ziehen. Ihr gesetzlicher Auftrag ist es, die Kindesinteressen zu ermitteln und im Verfahren zur Geltung zu bringen. Die Aufgabe ist nicht ganz einfach, denn der Begriff „Interesse" ist schon abstrakt in seiner Bedeutung umstritten, und was dann im konkreten Fall darunter verstanden wird, logischerweise auch. Ich beschränke mich im Folgenden auf strukturelle Probleme bei den Verfahrensbeiständen selbst.

Deren Amt wurde erst 1998 eingeführt. Da hieß es zunächst Verfahrenspflegschaft und war rechtlich anders ausgestaltet. Das Hauptproblem: Damals wurden keinerlei Anforderungen an die persönliche oder fachliche Qualifikation der Menschen gestellt, die sich speziell der Kinderperspektive widmen sollten. So blieb es dann auch, als sich der Name der Tätigkeit und die Rechtsgrundlage änderten. Die immerhin löbliche Grundlage für die Schaffung dieses Akteurs war der Gedanke, dass die Interessen eines Kindes und die seiner Eltern zueinander im Gegensatz stehen können. Da das Kind aber – seit 1998 – den Status eines Rechtssubjekts hat, braucht es Hilfe bei der Geltendmachung seiner Interessen. Und wer kann ihm dabei helfen? Egal wer. So war zumindest bis 2020 die Rechtslage. Geändert wurde das erst mit dem Gesetz zur Bekämpfung sexualisierter Gewalt gegen Kinder. In dessen Begründung (Bundesrat-Drucksache 634/20) ist zu lesen, dass „mangels fehlender gesetzlicher Vorgaben" eventuell Verfahrensbeistände gerichtlich bestellt wurden, die „nicht ausreichend qualifiziert" waren, so dass die Interessen des Kindes nicht zuverlässig zur Geltung kamen. Erst seit 2021 sind fachliche Anforderungen gesetzlich (und damit wenig konkret) festgeschrieben. Sie lauten:

„Fachlich geeignet ist eine Person, die Grundkenntnisse auf den Gebieten des Familienrechts, insbesondere des Kind-

> schaftsrechts, des Verfahrensrechts in Kindschaftssachen und des Kinder- und Jugendhilferechts, sowie Kenntnisse der Entwicklungspsychologie des Kindes hat und über kindgerechte Gesprächstechniken verfügt. Die Kenntnisse und Fähigkeiten sind auf Verlangen des Gerichts nachzuweisen. Der Nachweis kann insbesondere über eine sozialpädagogische, pädagogische, juristische oder psychologische Berufsqualifikation sowie eine für die Tätigkeit als Verfahrensbeistand spezifische Zusatzqualifikation erbracht werden. Der Verfahrensbeistand hat sich regelmäßig, mindestens alle zwei Jahre, fortzubilden und dies dem Gericht auf Verlangen nachzuweisen.“

Das könnte nun eine Besserstellung der Rechte des Kindes in Familiengerichtsverfahren bedeuten. Denn die RichterInnen sind, wenn schon weitgehend inkompetent, eventuell relativ leicht von Fachleuten beeinflussbar, und der Verfahrensbeistand muss, im Gegensatz zum Jugendamt, das Kind treffen, und meistens auch mit den Eltern sprechen. Er hat also den direktesten Einblick in die Familie, und dementsprechend potenziell schlagkräftige Argumente in der Frage, was für das Kind am besten ist. Wenn zum Beispiel ein Elternteil behauptet, die Beziehung des Kindes zum anderen Elternteil sei schlecht, dann kann der Verfahrensbeistand die beiden eine halbe Stunde lang auf einen Spielplatz begleiten und eventuell schnell das Gegenteil feststellen. Das Jugendamt wird dergleichen in aller Regel nicht tun.

Qualifikationskurse für Menschen mit einem relevanten Berufsabschluss, die als Verfahrensbeistand arbeiten wollen, werden hier und da angeboten. Mich hat nun interessiert, welche Art von Kursen, beziehungsweise Zertifikaten an Gerichten anerkannt werden, und ob 2021 wirklich alle bereits arbeitenden Verfahrensbeistände, die so eine Ausbildung nie absolviert hatten, das sofort nachholen mussten. Ich habe deshalb bei den Gerichten in Braunschweig und Hannover nachgefragt. Zuvor hatte mir Niedersachsens Justizministerium mitgeteilt, dass es sich aus dieser Frage raushält – eine landeseinheitliche Regelung gibt es also nicht.

Das AG Braunschweig berichtet mir von einer „internen Datenbank, in der die Zertifikate über die Qualifikation aus dem Bereich Kindschaftsrecht, aber auch ein aktuelles Führungszeugnis hinterlegt sind“. Wer schon vor 2021 als Verfahrensbeistand gearbeitet hatte, musste demnach die neuen Anforderungen sofort erfüllen. Das klingt seriös. Hier scheint ein gewisses Mindestniveau garantiert. Das OLG Braunschweig antwortet:

> „Auf welche Weise die Qualifikation erworben wird, ist nicht gesetzlich geregelt. Die Regelung schließt auch nicht aus, dass der Verfahrensbeistand seine fachliche Eignung in anderer geeigneter Weise als durch Zusatzqualifikationen nachweist. Insoweit bleibt es dabei, dass das Gericht sich jeweils im Einzelfall von der Eignung und deren Grundlage überzeugen muss.“

Das klingt deutlich weniger gut. Die Verfahrensbeistände brauchen gar nicht unbedingt Zertifikate, die sie durch das Absolvieren von Kursen erhalten. Das erscheint fragwürdig. Der Sinn von Zertifikaten besteht in einer gewissen Standardisierung, dass also nicht in jedem Einzelfall gesondert geprüft werden muss, ob die individuelle Ausbildung den Anforderungen genügt. Es erscheint abwegig, oder jedenfalls umständlich, dass ein Gericht zumindest in einem Teil der Fälle jeweils individuelle Qualifikationen auf Übereinstimmung mit dem Gesetz abgleicht – zumal im Gericht ja kaum bis gar keine psychologische oder sozialpädagogische Kompetenz vorhanden ist. Und offenbar wird das auch gar nicht gemacht. Die Antwort des Amtsgerichts Hannover an mich lautet nämlich:

> „Die Bestellung der Verfahrensbeistände erfolgt durch die jeweils zuständige Richterin bzw. den zuständigen Richter. Die Auswahl der zu bestellenden Personen und die Prüfung, ob diese hinreichend qualifiziert sind, unterfällt der richterlichen Unabhängigkeit.“

Damit haben wir wieder eine Farce wie bei den richterlichen Qualifikationen: Die Verfahrensbeistände müssen zwar bestimmte Qualifikationen haben, aber laut dem oben zitierten Gesetz sind „Berufsqualifikation“ und „spezifische Zusatzqualifikation“ nur Kann-Regelungen. Ob die Qualifikationen vorliegen, müssen weder Zertifikate beweisen, noch qualifizierte Gerichtsangestellte beurteilen, sondern die weitgehend inkompetenten RichterInnen können weiterhin selbst entscheiden. Dabei kritisieren Fachleute bisweilen, dass zwischen RichterInnen und Verfahrensbeiständen ein gewisses Näheverhältnis bestehen kann: Erstere suchen sich eventuell unter letzteren gerne diejenigen aus, die in

Verfahren der Vergangenheit ähnliche Ansichten wie sie vertreten haben. Die Verfahrensbeistände können damit zufrieden sein, denn so ein Näheverhältnis sichert ihnen Aufträge. Und weil die richterliche Unabhängigkeit auch gegenüber dem Gerichtspräsidium als unantastbar gilt, und die Bestellung eines bestimmten Verfahrensbeistands rechtlich erst mal nicht angreifbar ist, läuft die gesetzliche Vorgabe eventuell ins Leere. Auch die Antwort der Berliner Justizverwaltung stützt diesen Befund:

> „Ob die gesetzlich vorgesehenen Voraussetzungen erfüllt sind, prüft das Gericht bei der Bestellung der Verfahrensbeistände eigenständig in seiner richterlichen Unabhängigkeit. (...)
>
> Inhaltliche Vorgaben für die Aus- und Fortbildung zum Verfahrensbeistand gibt es weder bundesrechtlich noch in Berlin."

Anders als die angefragten niedersächsischen Gerichte beantwortet der Berliner Senat immerhin die Frage nach konkreten Trägern, deren Zertifikate gängig sind, und zählt auf: das *Institut für Gericht & Famili*e, die *Weiterbildungsakademie für Kindschafts- und Familienrecht GbR* und die *IKOME Dr. Barth GmbH & Co. KG* (mit Hauptsitz in Leipzig und ein paar Zweigstellen). Diese Träger seien zum Teil vom Berufsverband der Verfahrensbeistände (BVEB) zertifiziert.

Es gibt bestimmt gute Kursangebote, aber verpflichtend sind sie nicht. Noch 2023 beschloss ein Arbeitskreis des *Deutschen Familiengerichtstags* einstimmig die Forderungen nach bundeseinheitlichen Standards („dringend erforderlich") und einer Evaluierung, inwieweit die Gerichte wirklich auf die Qualifikationen achten.

Zu bedenken ist dabei, welche Macht die Verfahrensbeistände haben. Sie dürfen gegen einen Gerichtsbeschluss Beschwerde einlegen. Selbst wenn die Eltern sich mit dem Beschluss zufrieden geben oder vielleicht einfach den Aufwand scheuen, das Verfahren in die zweite Instanz zu tragen – der Verfahrensbeistand kann das ganz alleine bewerkstelligen. Er kann sogar elterliche Einigungen ablehnen. Die Gerichte sind – wie in anderen Rechtsgebieten auch – sehr daran interessiert, dass die Streitparteien sich im Gerichtssaal auf etwas einigen. Bei Eltern ist das auch besonders wünschenswert. Wenn die Eltern nun mit der Hilfe oder unter dem Druck des Gerichts zu einer Einigung kommen, kann der Verfahrensbeistand sie verhindern. Dann muss ein gerichtlicher Beschluss ergehen. Der kann genau das beinhalten, was die Eltern als Kompromiss akzeptierten, aber bis er bekanntgegeben wird (was idealerweise nur einige Tage dauert), hängen alle in der Luft.

Trotz seiner Eingriffsmacht in die Familie unterliegt der Verfahrensbeistand aber keiner wirklich zwingenden fachlichen Norm. Es ist zum Beispiel möglich, dass jemand ohne formale Qualifikationen in einem relevanten Fachgebiet schon lange vor 2021 diese Tätigkeit aufgenommen hat und seit der Gesetzesreform von den ihm vertrauten RichterInnen den Freibrief erhält: Dieser Verfahrensbeistand kann zwar keine relevante Berufs- und auch keine spezifische Zusatzausbildung vorweisen, hat aber seine Eignung unter Beweis gestellt, indem er seit Jahren seine Aufträge zuverlässig und zur Zufriedenheit des Gerichts erledigt. Der einzige gesetzliche Zwang ist der zu einer Fortbildung alle zwei Jahre, aber auch das ist nicht konkretisiert. Dafür reicht also etwa ein Wochenendseminar zu den jüngsten Entwicklungen in der Rechtsprechung, oder zu einem psychologischen Thema. Auch diesbezüglich merkte der erwähnte Arbeitskreis des *Deutschen Familiengerichtstages* an, dass der Umfang der Fortbildung staatlich vorgegeben sein sollte.

Dieser Mangel an Erzwingung eines gewissen fachlichen Niveaus ist besonders unverständlich angesichts der Tatsache, dass an bestimmten Gerichten der Zwang herrscht, sich anwaltlich vertreten zu lassen. Wenn ich zum Beispiel in ein Verfahren an einem Landgericht involviert bin, mich dort alleine durchschlagen will und mich deshalb ausführlich in die juristische Materie einlese – sei es aus Interesse, Zeitüberfluss oder Geldmangel –, dann darf ich das nicht. Ich muss einen offiziell zugelassenen Rechtsbeistand finden, der Zeit für mich sowie Lust auf meinen Fall hat, und der noch dazu mit seiner Honorarforderung nicht über mein Budget hinausgeht. Das ist alles andere als ein Selbstläufer. Wenn ich hingegen in einem familienrechtlichen Verfahren stecke, wo ich meine Interessen alleine vertreten darf, kann mir ein Verfahrensbeistand vor die Nase gesetzt werden, der in mein familiäres Gefüge nicht nur reinschauen, sondern sozusagen auch ein Stück weit reinregieren darf, und der mein Kind gerichtlich gegen mich in Stellung bringen darf, nachdem er es einmal getroffen hat, der aber keinen formalen Qualifikationsanforderungen genügen muss. Fürs Landgericht sichert der Staat also ein gewisses juristisches Mindestniveau der Stellungnahmen der Streitparteien, am Familiengericht hingegen verlangt er nicht zwingend, dass der gerne auch „Anwalt des Kindes“ genannte Verfahrensbeistand ein fachliches Mindestniveau hat.

Die deutschen Familiengerichte und die verschiedenen Bundesregierungen im Lauf der Jahre haben sich geradezu bemüht, die familienrechtliche Praxis in möglichst vielen Aspekten haarsträubend unprofessionell und unlogisch aufzustellen.

5.4 Jahrzehntelanger Mangel an Standards für Gerichtsgutachten

Und dann gibt es noch einen dritten Akteur in der Gruppe der von Anwalt Hildebrandt sogenannten „Bewerter und Einschätzer“, auf die die Familiengerichte sich stützen: die Sachverständigen. Sie kommen nicht in jedem Verfahren zum Einsatz, aber sie bekommen immerhin den Auftrag, sich sehr ausführlich mit der betroffenen Familie zu beschäftigen – und dazu viel Geld. In der Braunschweiger Erhebung wurde bereits offenbar, dass die Gutachten die Verfahren oft erheblich verzögern: In der Hälfte der Fälle dauerte die Erstellung länger als ein halbes Jahr. Zeit ist in Kindschaftssachen besonders kostbar, aber immerhin könnte ein Gutachten eine fundierte Einschätzung der Lage bringen, die die anderen Akteure nicht leisten, und somit den Zeitverlust wert sein. Aber davon darf nicht ausgegangen werden. Vielmehr stehen auch die Gutachten seit langem stark in der Kritik.

Besonders bekannt ist in der Familienrechtsszene eine repräsentative Untersuchung der Fernuniversität Hagen, die 2014 veröffentlicht wurde. Ein siebenköpfiges psychologisches Team – darunter zwei Profs – untersuchte 116 Gutachten, die in den Jahren 2010 und 2011 an den vier Amtsgerichten des Oberlandesgerichtsbezirks Hamm (Nordrhein-Westfalen) eingereicht worden waren. Es handelte sich um eine „Vollerhebung“, was bedeuten muss, dass es alle Gutachten waren, die in jenen Jahren an diesen Gerichten erstellt wurden.

Sie wurden anhand der Gutachtenrichtlinien zweier psychologischer Berufsverbände analysiert, und die Befunde sprechen eine erschreckend deutliche Sprache:

> „In 56% der Gutachten werden aus der gerichtlichen Fragestellung keine fachpsychologischen und den Begutachtungsprozess

> explizit leitenden Arbeitshypothesen (psychologische Fragen) hergeleitet. In 85,5% wird die Auswahl der eingesetzten diagnostischen Verfahren – ebenfalls anders als fachlich gefordert – nicht anhand der psychologischen Fragen begründet. In 35% erfolgt die Datenerhebung ausschließlich über methodisch problematische Verfahren (unsystematische Gespräche, unsystematische Beobachtung, keine oder psychometrisch ungenügende projektive Tests / testähnliche Verfahren). Im Fall dieser Gutachten zeigte sich, dass in nur 2 Fällen auf mögliche methodische Einschränkungen der Ergebnisse hingewiesen wird.“

Der bereits erwähnte Hamburger Anwalt Matthias Bergmann verwies in seiner Stellungnahme zum sogenannten *Zustandsbericht zur Lage des Familienrechts in Deutschland 2020/21* von *Papa Mama Auch* auf diese Studie und merkte an, dass sie kaum etwas bewirkt habe:

> „Zwar wurden in der Folge Mindeststandards für die Erhebung von familiengerichtlichen Gutachten an verschiedener Stelle erstellt, der Verstoß gegen diese Mindeststandards hat im Verfahren aber eher selten relevante Folgen für die Verwertbarkeit des Gutachtens.“

Der Psychotherapeut und Gerichtssachverständige Prof. Dr. Werner Leitner analysierte mehrmals solche Gutachten. Seine letzte bundesweite Auswertung von 2013/14 umfasste 272 Stück von 231 Sachverständigen. Ein paar der Ergebnisse: In 95 Prozent der Fälle war die Verhaltensbeobachtung unsystematisch; in 80 Prozent war die Gesprächsführung „wissenschaftlich unspezifiziert“; knapp 80 Prozent enthielten nur kaum oder gar keine Bezüge zu aktueller psychologischer oder erziehungswissenschaftlicher Fachliteratur; 40 Prozent enthielten nicht einmal ein Literaturverzeichnis (obwohl so ein Gutachten in Sachen wissenschaftlicher Anspruch, Seitenumfang und Erstellungsdauer durchaus mit einer Diplom- oder Masterarbeit vergleichbar ist).

Wie es zu diesem niedrigen Durchschnittsniveau kommen konnte, geht aus einer Pressemitteilung der Bundesrechtsanwaltskammer vom 19. September 2019 hervor. Ihr Anlass war, dass die Arbeitsgemeinschaft Familienrechtliche Gutachten ihre Broschüre zu den Mindestanforderungen in überarbeiteter Form veröffentlicht hatte. Beteiligt waren anderthalb Dutzend Berufsverbände aus den Bereichen Recht, Psychologie und Psychiatrie. Als Hintergrund wird in der Pressemitteilung erläutert, dass Fachverbände und Berufskammern zusammen mit dem Bundesjustizministerium ab 2015 „die ersten fachübergreifenden Qualitätsstandards“ erarbeitet hätten, weil Gerichtsgutachten „durch einige umstrittene Urteile in den Fokus der medialen und politischen Öffentlichkeit gerückt“ waren. Auch sollte ein gemeinsamer „Qualitätssicherungsprozess“ entwickelt werden.

Ab 1979 gab es Familiengerichte, aber erst 2015 wurden fachübergreifende Qualitätsstandards für die dort immer wieder nötigen Sachverständigengutachten veröffentlicht und ein Qualitätssicherungsprozess in Gang gesetzt. Die Weigerung, die Familiengerichte inhaltlich kompetent aufzustellen, war also jahrzehntelang umfassend. Die Konsequenz benannte der wiederholt erwähnte Familienrichter Jürgen Rudolph schon 2007 in seinem Buch:

> „Es gibt zahlreiche Familienrichter, denen weder die Grundlagen der Gutachtenerstellung noch die jeweiligen familienpolitischen Ideologien der beauftragten Sachverständigen bekannt sind. Nicht wenige Familienrichter machen auch zwischen Psychiatern und Psychologen keinen Unterschied. Umgekehrt nehmen viele Sachverständige Gutachteraufträge an, denen sie nicht gewachsen sind.“

5.5 Wie die Justiz selbst einfache Kinderschutzgesetze prinzipiell missachtet

Und das ist immer noch nicht alles an Umsetzungsdefiziten. Ein strukturelles Defizit besteht auch darin, dass ganz normale Gesetze, die dem Schutz vor Eltern-Kind-Trennungen dienen, nicht angewandt werden. Dabei ist dafür keine besondere familienrechtliche oder psychologische Kompetenz nötig. Es hat sich einfach nicht etabliert, diese Gesetze anzuwenden. Hier sind nun auch die Staatsanwaltschaften zu nennen, die ebenfalls versagen. Neben einem Paragrafen des BGB geht es nämlich auch ums Strafrecht.

Hinsichtlich des BGB ist ein familiengerichtlicher Dauerskandal die Missachtung von § 1684. Dort steht nämlich in Absatz 2:

> „Die Eltern haben alles zu unterlassen, was das Verhältnis des Kindes zum jeweils anderen Elternteil beeinträchtigt oder die Erziehung erschwert.“

Dieser Satz ist einer der wichtigsten für das Kindschaftsrecht. Er wird von und in Gerichten oft zitiert, gerne abgekürzt durch die Verwendung des zusammenfassenden Begriffs: elterliche Wohlverhaltenspflicht. Wie ist nun diese gesetzliche Vorgabe in Übereinstimmung zu bringen mit der hohen Zahl der gerade auch umzugsbedingten Kontaktabbrüche? Antwort: Gar nicht.

Ich habe darauf hingewiesen, dass bei mehr als einer Stunde Fahrtzeit zwischen den Wohnsitzen der Eltern die Wahrscheinlichkeit für Kontaktabbrüche stark steigt. Ich habe geschildert, dass einige Eltern beim Besuch ihrer Kinder darauf angewiesen sind, dass ihnen jemand billig einen Schlafplatz zur Verfügung stellt – und dieser Jemand ist kein Gericht und auch kein Jugendamt, der Staat trifft da also keine Vorkehrungen. Es ist unbestreitbar, dass in solchen Fällen „das Verhältnis des Kindes zum anderen Elternteil beeinträchtigt“ und „die Erziehung erschwert“ ist. Besser gesagt: In nicht wenigen Fällen werden Verhältnis und Erziehung verunmöglicht. Selbst wer sein Kind jedes zweite Wochenende trifft, aber dessen Lebensumfeld so gut wie gar nicht kennt, der kann kaum noch erziehen. Zur Einhaltung von § 1684 müsste also dem wegziehenden Elternteil auferlegt werden, dass er dem anderen das Kind regelmäßig bringt. In der Realität liegt fast das genaue Gegenteil vor. Zwar ist es möglich, dem privilegierten Elternteil einen Teil der Wege aufzuerlegen, beziehungsweise die Übernahme von Reisekosten des anderen. Das scheint aber die Ausnahme zu sein, und nie alle Wege zu betreffen. Die vorherrschende Rechtsprechung besagt, obwohl es dafür keine gesetzliche Grundlage gibt, dass der sogenannte „umgangsberechtigte Elternteil“ in aller Regel den Aufwand und die Kosten für Abholung und Zurückbringen des Kindes tragen muss.

Das ist besonders absurd in den nicht wenigen Fällen, wo der wegziehende Elternteil die alleinige elterliche Sorge innehat. Denn damit hat der andere Elternteil keinerlei Verantwortung für das Kind. Er darf nicht einmal Verantwortung übernehmen – er ist nicht berechtigt, für die grundlegenden Angelegenheiten des Kindes Sorge zu tragen. Wer nicht sorgeberechtigt ist, hat nur Verantwortung für das Wohlergehen seines Kindes, wenn es mit ihm zusammen ist – so wie jeder andere Mensch auch. Auch wer mit einem Nachbarskind auf einen Spielplatz geht, ist in dieser Zeit für es verantwortlich. In dieser rechtlichen Situation ist ein nicht sorgeberechtigter Elternteil gegenüber seinem eigenen Kind dauerhaft – er ist im Grunde wenig mehr als eine Betreuungshilfskraft. Eltern sind erst mal gesetzlich verpflichtet, sich um ihre Kinder zu kümmern, aber das kann sich nicht auf alle Orte der Welt beziehen – in Kapitel 2.2 haben wir gesehen, dass diese Pflicht nicht in Anschlag gebracht wird, wenn der andere Elternteil mit den Kindern nach Amerika oder Australien umzieht. Nicht nur ist der weitestgehend entrechtete Elternteil nicht verpflichtet, besonderen Einsatz für ein Grundrecht seines Kindes (wie das auf Kontakt zu beiden Eltern) zu zeigen – er ist dazu nicht einmal berechtigt. Das zeigt folgender Vergleich: Wenn ein nicht sorgeberechtigter Elternteil sich bei der Schule oder Kita seines Kindes meldet, um etwas über das Kind in Erfahrung zu bringen und ihm so behilflich zu sein, oder um eine Anregung zu geben, darf ihm erst mal praktisch nichts gesagt werden. Egal, wie wohlmeinend seine Absichten da sind – er ist nicht berechtigt, sich in dieser Form für das Kind einzusetzen (das vielleicht ein Problem mit einem bestimmten Schulfach / Kind / Personal hat). Doch in Bezug auf das Allerwichtigste, nämlich die Aufrechterhaltung des Kontakts, wird dem sorgeberechtigten Elternteil die Verantwortung – die er ansonsten vielleicht mit allen Mitteln verteidigt – (fast) komplett abgenommen, und dem nur umgangsberechtigten gesagt: Du musst jetzt dafür sorgen, dass dein Kind nicht den Kontakt zu dir verliert. Eine gesetzliche Grundlage dafür existiert nicht, es ist tägliche Gerichtswillkür.

Dabei könnten sich die Gerichte mit der Anwendung von § 1684, Absatz 2, viel Ärger und Arbeit vom Hals halten. Ich habe ausführlich auf die historischen Prägungen des deutschen Familienrechts hingewiesen, auf die immer noch nachwirkende Tradition der Entrechtung von Kindern und (vor allem unverheirateten) Vätern, auf die vielfältigen Qualifikationsmängel im staatlichen Wächteramt – aber all das ist an dieser Stelle eigentlich irrelevant. Dieser Paragraf muss angewandt werden. Auch ein frisch berufener Familienrichter, der sich erst noch einarbeiten muss; der es nicht gewohnt ist, vom Kind her zu denken;

der von Psychologie kaum Ahnung hat – auch so jemand kann diesen Paragrafen anwenden. Selbst wenn dieser Richter mit einem Umzugskonflikt so verfassungsfeindlich umgeht, wie ich es am Beispiel der Familie Fritz geschildert habe, kann er nach dem Aufheben des gemeinsamen Aufenthaltsbestimmungsrechts und dem daraus folgenden Umzugszwang für die Kinder sagen: Der nun privilegierte Elternteil muss dem anderen mit einer bestimmten Regelmäßigkeit die Kinder bringen. Das ist ja auch die beste Prävention gegen Kontaktabbrüche – und es würde bereits im Vorfeld dazu führen, dass der Umzug nicht allzuweit weg führt. Heutzutage ist es hingegen möglich, einen Umzug gerade als Mittel zu nutzen, den anderen Elternteil (weitgehend) loszuwerden – was nicht grundgesetzkonform ist.

Anhand dieses einen Satzes, § 1684, Absatz 2 BGB, wird also besonders deutlich, dass ein fundamentales Problem in der Familienjustiz (aber wahrscheinlich auch in anderen Justizbereichen) die Verweigerung eigenständigen Denkens ist. Die Gerichte müssten schon aus reinem Eigennutz die deeskalierende Funktion dieses Paragrafen nutzen. Sie müssten dafür keine Tradition brechen, keine neue Sichtweise im Fachdiskurs etablieren – es würde reichen, durch die Anwendung dieser Vorschrift allen umzugswilligen Eltern die Botschaft auszusenden: Es kann schon sein, dass du mit deinen Kindern umziehen darfst, aber dann musst du sie halt alle zwei Wochen herbringen, und auch wieder abholen. Keine andere Maßnahme würde derart schnell und einfach – und absolut kostenlos! – die Zahl von Eltern-Kind-Trennungen und -Entfremdungen absenken.

Die Familiengerichte sind sogar noch peinlicher. Nicht nur wenden sie einen einfachen BGB-Paragrafen nicht an, der ihren gesetzlichen Auftrag – um nicht zu sagen: Existenzzweck – sehr erleichtert. Sie wenden nicht mal die Druckmittel an, die sie Eltern selbst androhen! Ich habe schon im ersten Kapitel diese Stelle aus der sehr umfassenden Proksch-Studie des Justizministeriums von 2002 zitiert:

> „Hauptbetreuende Eltern mit alleiniger elterlicher Sorge räumen ein, dass sie selbst den Kontakt ‘nicht mehr wollen’. Gerichtliche Sanktionen müssen sie kaum befürchten. Die juristischen Möglichkeiten sind zwar theoretische Optionen, sie sind in der Praxis nur selten erfolgreich.“

Das ist verharmlosend formuliert. Ich erinnere an den bis zum EGMR getragenen Fall des Vaters Bernd Kuppinger, der sein Kind von Beginn an fast nie sehen konnte, und nach Jahren zwar beim OLG Frankfurt am Main erfolgreich ein Ordnungsgeld gegen die Mutter beantragte, aber dadurch die Kontakte zu seinem Kind immer noch nicht erhielt, denn die Geldstrafe für sechs geplatzte Termine betrug nur 300 Euro, obwohl das Gericht der Mutter vorher eine Höchststrafe von 25.000 Euro angedroht hatte, wie der EGMR dann kritisch anmerkte. Der mangelnde Abschreckungseffekt von Ordnungsgeldandrohungen deutscher Familiengerichte ist geradezu legendär. Auch der Hamburger Anwalt Bergmann schrieb in seiner Stellungnahme zur Braunschweiger Erhebung:

> „Vollends unzureichend ist die Durchsetzung von Umgangsrechten. Ordnungsgelder werden nur schleppend verhängt, Umgangstitel nicht durchgesetzt, sondern bei Schwierigkeiten schnell abgeändert, und verhängte Ordnungsgelder werden in der allgemeinen Zwangsvollstreckung erst mit erheblicher Zeitverzögerung eingezogen."

Das ist zum auf der Zunge zergehen lassen: Bei Schwierigkeiten, gerichtlich angeordnete Eltern-Kind-Kontakte zu erzwingen, wird nicht eine Strafzahlung von bis zu 25.000 Euro verlangt, sondern der Gerichtsbeschluss abgeändert.

Und dann gibt es noch ein Umsetzungsdefizit, das in einem Buch über Familiengerichte eigentlich nichts zu suchen haben sollte, das aber erwähnenswert ist, weil es die zugrundeliegende Problematik von einer weiteren Seite beleuchtet. Die Missachtung der Kindergrundrechte ist in Deutschland so normal, dass – wohl auch aufgrund des schädlichen Einflusses der Familiengerichte – selbst das Strafgesetzbuch in diesem Punkt nicht ganz ernst genommen wird.

Damit hat sich der promovierte Jurist Jorge Guerra beschäftigt. Er arbeitet einerseits als Verfahrensbeistand und Umgangspfleger (der Eltern-Kind-Treffen begleitet), und andererseits an der Universität Lüneburg, wo er unter anderem mit Studierenden familienrechtliche Forschungsprojekte durchführt. In seinem Artikel: „Eltern-Kind-Entfremdung als Kindeswohlgefährdung: Ursachen, Folgen, Auswege", 2023 erschienen im Sammelband *Recht für soziale Berufe 23-24*, zeigt er, wie juristisch mit solchem kindesschädlichen Elternverhalten umgegangen werden sollte. Aufbauend auch auf seinen eigenen Erfahrungen mit Gerichten schreibt Guerra:

> „Selten (bis nie) wird hinsichtlich der Verhinderung von Eltern-Kind-Entfremdung auf die Mittel zugegriffen, über die der Staat verfügen könnte. Werden Schwierigkeiten bei der Umsetzung eines Umgangsbeschlusses vorhergesehen, so werden für solche Fälle Umgangspfleger bestellt. Ordnungsmittel oder Sanktionen werden kaum verhängt. Auch Eingriffe in das Sorgerecht sind selten. Eine Anwendung des Strafrechts ist unbekannt."

Das ist ein Skandal, denn das Strafrecht ist auf dieses Problem längst vorbereitet. § 171 des Strafgesetzbuches (StGB) richtet sich gegen eine „Verletzung der Fürsorge- und Erziehungspflicht". Demnach wird bestraft, wer ein Kind „in die Gefahr bringt, in seiner körperlichen oder psychischen Entwicklung erheblich geschädigt zu werden". Dieser Paragraf richtet sich gegen Gefährdungsdelikte. Das bedeutet: Allein der Vollzug entsprechender Handlungen begründet die Strafbarkeit, selbst wenn das Kind nicht zu Schaden kommt. Einem Kind einen Elternteil vorzuenthalten, den es eigentlich liebt, oder das Kind entsprechend zu manipulieren, damit es diesen Elternteil ablehnt, ist zwangsläufig mit der Gefahr verbunden, seiner psychischen Entwicklung zu schaden (u.a. weil das Kind verlernt, seinen eigenen Gefühlen zu vertrauen, was lebenslange Auswirkungen haben kann). Das müssen auch Menschen wissen, die noch nie etwas von der jahrzehntelangen Forschung zum späteren Leben von Scheidungs-/Trennungskindern oder von den möglichen Folgen emotionaler Manipulation gehört haben. Doch Deutschlands Staatsanwaltschaften scheinen auf diesem Auge blind zu sein – oder diese Dinge werden gar nicht erst zur Anzeige gebracht. Ich gehe davon aus, dass beides zutrifft.

Und hier sind wir wieder bei den professionellen Akteuren des sogenannten staatlichen Wächteramts für Familien. Alle Ausreden seitens RichterInnen, Jugendämtern und wem auch immer, wenn sie behaupten, sie könnten nichts gegen kinderschädliches elterliches Verhalten tun, sind besonders inakzeptabel angesichts der simplen Möglichkeit, Strafanzeige zu erstatten. Jeder Mensch kann egal wen unter Bezug auf das Strafgesetzbuch anzeigen. Wenn Gerichts- oder Jugendamtspersonal Schwierigkeiten hat, einen Elternteil dazu zu bringen, seiner

Fürsorge- und Erziehungspflicht nachzukommen, dann können diese staatlichen Wachschutzpersonen Strafanzeige erstatten. Eine Anzeige seitens dieser Personengruppe könnte auch einen besonderen Eindruck auf die zuständige Staatsanwaltschaft machen. Der betroffene Elternteil wird es als unangenehmer empfinden, sich auch noch mit der Staatsanwaltschaft und später eventuell einem Strafgericht herumschlagen zu müssen, als nur weiterhin im Familiengericht die immer selben Akteure zum Narren zu halten. Und vor allem: Da § 171 StGB sich auf die bloße Gefährdung des Kindes bezieht, ist eine Verurteilung besonders einfach – da braucht es keine Sachverständigen, die nachweisen, dass das Kind wirklich geschädigt worden ist. Jugendamtsangestellte, die einem kindeswohlschädlichen Elternteil vergeblich Beratungs- und andere Hilfsangebote machen, können mit ihrer Expertise die Staatsanwaltschaft gut munitionieren, damit sie erstens Anklage erhebt und zweitens gute Chancen hat, eine Verurteilung zu erreichen. Das bedeutet nicht unbedingt eine große Chance, dass der verurteilte Elternteil sein Verhalten ändert, aber einen Versuch ist es wert, und es bedeutet kaum einen Aufwand.

Jorge Guerra geht sogar noch einen Schritt weiter, und zwar, indem er auf das Verbot von Kindesentziehung hinweist: § 235 StGB. Geldstrafe oder eine bis zu fünfjährige Haftstrafe gibt es demnach für jemanden, der:

> „1. eine Person unter achtzehn Jahren mit Gewalt, durch Drohung mit einem empfindlichen Übel oder durch List oder
>
> 2. ein Kind, ohne dessen Angehöriger zu sein, den Eltern, einem Elternteil, dem Vormund oder dem Pfleger entzieht oder vorenthält."

Guerra führt dazu aus:

> „List bedeutet nach der Rechtsprechung des BGH das geflissentliche und geschickte Verbergen seiner wahren Zwecke oder Mittel, um seine Ziele zu erreichen. Sie kann gegen den Sorge- beziehungsweise Umgangsberechtigten, gegen das Kind oder gegen Dritte eingesetzt werden. Vor diesem Hintergrund erscheint es nicht fernliegend, eine Manipulation von Kindern zum Zwecke der Entfremdung vom anderen Elternteil als Entziehung Minderjähriger einzuordnen."

Diese Einordnung drängt sich sogar auf, wenn der hauptbetreuende Elternteil dem Kind konkrete Behauptungen, beziehungsweise Ausreden auftischt, um ihm einzureden, der Kontakt zum anderen Elternteil sei nicht wünschenswert.

Das OLG Hamm stellte in einem Beschluss vom 6.1.2003 ein bisschen ausführlicher und unter Nennung der einschlägigen Rechtsprechung des Bundesgerichtshofs fest:

> „List kann durch Irreführung über die wahren Verhältnisse (BGHSt 1, 199) oder durch Ausnutzen der Unkenntnis von der wahren Sachlage sowie eines Irrtums (BGHSt 10, 376) gegenüber dem Minderjährigen selbst, den Sorgeberechtigten, Obhuts- und Mittelspersonen oder hilfsbereiten Dritten (BGHSt 16, 58, 62; BGH MDR 1962, 750; BGH NJW 1963, 1412) verwirklicht werden."

Das ist klar erfüllt, wenn einem Kind die gute Beziehung zu einem Elternteil genommen wird, denn das Kind würde das bei korrekter Tatsachenkenntnis nicht akzeptieren. In einem Beschluss vom 11.2.1999 betonte der Bundesgerichtshof, dass das Strafrecht auch mal zum Schutz der innerfamiliären Beziehungen nötig sein kann:

> „Es ist gerade nicht so, daß familienrechtliche Sanktionen ausreichen und die elterlichen Auseinandersetzungen von einem unangebrachten und ineffizienten strafrechtlichen Druck befreit werden müßten."

Dennoch kommt das Strafrecht offenbar nie zum Zug. Jorge Guerra veröffentlichte im Mai 2024 in seinem Internetauftritt einen Artikel mit der jubelnden Überschrift: „Breaking News! Eltern-Kind-Entfremdung wird in Deutschland strafrechtlich verfolgt". In dem Artikel führte er aus:

> „Zum ersten Mal (meines Wissens) werden die Handlungen, die zu einer Eltern-Kind-Entfremdung führen, in Deutschland strafrechtlich verfolgt. Gestern wurde ich als Zeuge zu einem Fall geladen, der mir als Fachmann sehr gut bekannt ist. Es ging darum, stichhaltige Hinweise auf Entfremdungshandlungen durch einen (vorläufig mutmaßlichen) entfremdenden Elternteil zu sammeln. Auf Anfrage geht die Staatsanwaltschaft von einer

> Verletzung der §§ 171 bzw. 235 StGB aus und versucht nun, den Fall zwecks einer potenziellen Anklage gegen den Elternteil zu rekonstruieren."

Auf meine Frage im Februar 2025, was daraus geworden ist, antwortet Guerra, das wisse er nicht. Er sei nicht als Zeuge zu einem Gerichtsverfahren geladen gewesen, sondern nur zu einer Befragung bei der Staatsanwaltschaft.

Der Bremer Psychologe Dr. Stefan Rücker arbeitet praktisch und wissenschaftlich zu Eltern-Kind-Entfremdung. Er war sogar Co-Autor der großen Studie *Kindeswohl und Umgangsrecht*, die vom Bundesfamilienministerium beauftragt, aber dann jahrelang nicht veröffentlicht wurde und freigeklagt werden musste. In seinem Beitrag zum Auswertungsbericht der Braunschweiger Erhebung von *Papa Mama Auch* merkt er an:

> „Kaum nachvollziehbar ist, dass die psychische Gesundheit von Kindern im Vergleich zu ihrem physischen Schutz in der Rechtspraxis vernachlässigt wird."

Besonders interessant ist es nun, die genannten Paragrafen von StGB und BGB mit Artikel 11 des Grundgesetzes in Verbindung zu bringen. Der lautet:

> „(1) Alle Deutschen genießen Freizügigkeit im ganzen Bundesgebiet.
>
> (2) Dieses Recht darf nur durch Gesetz oder auf Grund eines Gesetzes und nur für die Fälle eingeschränkt werden, in denen eine ausreichende Lebensgrundlage nicht vorhanden ist und der Allgemeinheit daraus besondere Lasten entstehen würden oder in denen es zur Abwehr einer drohenden Gefahr für den Bestand oder die freiheitliche demokratische Grundordnung des Bundes oder eines Landes, zur Bekämpfung von Seuchengefahr, Naturkatastrophen oder besonders schweren Unglücksfällen, zum Schutze der Jugend vor Verwahrlosung oder um strafbaren Handlungen vorzubeugen, erforderlich ist."

Relevant ist hier die letztgenannte Bedingung, unter der die allgemeine Freizügigkeit eingeschränkt werden kann: Per Gesetz darf die Freizügigkeit von Menschen beschränkt werden, wenn dadurch Straftaten vorgebeugt werden kann. Das ist eigentlich hinsichtlich der Trennung eines Kindes von einem Elternteil, zu dem es eine gute Bindung hat, Realität. Mit § 1684, Absatz 2 BGB existiert ein Gesetz, das den Handlungsspielraum eines Elternteils einschränkt: Er muss „alles unterlassen, was das Verhältnis des Kindes zum jeweils anderen Elternteil beeinträchtigt oder die Erziehung erschwert". Die Straftaten, die damit verhindert werden sollen, sind mindestens die beiden genannten, im StGB definierten: Verletzung der Fürsorge- und Erziehungspflicht sowie Kindesentziehung. Damit ist eine der in Absatz 2 von Artikel 11 des Grundgesetzes genannten Voraussetzungen für die Einschränkung der allgemeinen Freizügigkeit erfüllt. Die Freizügigkeit, die Absatz 1 von Artikel 11 garantiert, konfligiert bei Eltern, wie auch andere Rechte, grundsätzlich mit den Grundrechten ihrer Kinder, die bei ihnen leben und von ihnen abhängig sind. Da Eltern eine gesetzliche fundamentale Verantwortung für das Wohlergehen ihrer Kinder haben, gelten ihre eigenen Grundrechte nicht so durchgreifend wie bei Menschen, die niemandem gegenüber in so einer fundamentalen Verantwortung stehen. Sie müssen ständig mit den Grundrechten der Kinder abgewogen werden. Flapsig ausgedrückt: Wer ein Kind in die Welt setzt, relativiert seine eigenen Grundrechte! Normalerweise verhalten sich Eltern auch dementsprechend, indem sie auf ihre Kinder Rücksicht nehmen. Viele von ihnen leben nach der Geburt eines Kindes nicht genauso weiter wie vorher. Paare, die gerne lange Bergsteigerurlaube im Hochgebirge gemacht oder im Drogenrausch von freitags bis sonntags durchgetanzt haben, werden wahrscheinlich ihr Kleinkind gefährden, wenn sie es dahin mitnehmen, und verzichten deshalb darauf. Ihr Recht auf diese Aktivitäten besteht weiter, aber wenn ihr Kind dabei zu Schaden kommt, kann es ihnen vom Staat weggenommen werden, weil der dann zu Recht sagt: Ihr seid durch die rücksichtslose Auslebung eurer Rechte eine Gefahr für euer Kind, beziehungsweise nicht erziehungsgeeignet. Manche Dinge sind sogar von vornherein verboten. Wer früher gern das halbe Wochenende in einer Raucherkneipe (zumindest in Berlin gibt es die noch) verbracht hat, darf das mit seinem Baby nicht mehr.

Somit sind die beschriebenen Gerichtsbeschlüsse im Fall der Familie Fritz verfassungswidrig. Das OLG Stuttgart führte explizit aus, die Mutter dürfe umziehen, wohin sie will, und es stehe dem Gericht nicht zu, das zu bewerten. In dem ebenfalls in Kapitel 2.2 erwähnten

Hamburger Fall gab das Gericht der Mutter, die nach Australien umziehen wollte, denselben Freibrief. Eine Abwägung der Rechte der Mutter mit denen der Kinder fand nicht statt. Die Kinder wurden nicht als Rechtssubjekte, sondern als Objekte der Rechte der Mutter behandelt. Es ist denkbar, dass eine Rechtsgüterabwägung zu Gunsten der Rechte der Mutter ausfällt, aber in den beiden genannten Fällen ist dafür kein Grund ersichtlich, denn es lag keinerlei Notlage vor. Wie schon erwähnt: Das Recht auf Eigentum wird im Grundgesetz sofort relativiert, denn das Eigentum muss zum Wohl der Allgemeinheit eingesetzt werden. Wenn auf dieser Grundlage Menschen Grundstücke für Infrastrukturprojekte enteignet werden können, die – oft nur vermeintlich – dem Wohl der nicht näher definierten Allgemeinheit dienen, dann versteht es sich von selbst, dass andere Grundrechte ebenfalls relativiert sind, wenn das Wohl eines schutzbedürftigen Kleinkinds, das sich nicht mal gut artikulieren kann, auf dem Spiel steht. Die bezüglich des Eigentums bekannte sogenannte Sozialklausel muss endlich auch im Familienrecht zur Anwendung kommen!

Fazit: In einem deutschen Familiengericht könnte man anstatt nach Kompetenz in Sachen Kindern auch gleich nach einem vierblättrigen Kleeblatt suchen; die Jugendämter sind sicherlich kompetenter besetzt, aber nicht unbedingt vertrauenswürdiger; doch selbst einfache Gesetze, also Handlungsanleitungen für die tägliche Rechtsprechung, die keiner besonderen Kompetenz bedürfen, werden ignoriert, und das sogar in der Strafjustiz. Kindern hilft Deutschlands Justiz vor allem, wenn sie äußerlich verletzt sind oder beobachtbare Aggressionen gegen sie belegt sind. Was sie brauchen, wie sie fühlen, welche Entwicklung sie – eventuell im Zusammenhang mit dem Familiengerichtsverfahren – machen, erschließt sich dem staatlichen Nachtwächter oft nicht. In Bezug auf Kinder macht die große Mehrheit der deutschen Justiz noch immer ein Dauerpraktikum.

6. Delikt Rechtsbeugung und andere laienhafte Irrtümer. Von falschen Hoffnungen in die Justiz im Allgemeinen und die Familiengerichte im Besonderen

Es gibt also eine ganze Reihe Grundrechtstexte, gerade auch gesondert für Kinder, es gibt die Rügen des Europäischen Gerichtshofs für Menschenrechte, und es gibt sogar gegen Eltern-Kind-Trennung nützliche deutsche Gesetze. Das alles wird aber von den Familiengerichten kaum befolgt. In vielen Fällen dürfte das belegbar sein. Warum also kommen die Gerichte damit davon? Antwort: Weil sie faktisch über dem Gesetz stehen.

Es gibt zwar den Straftatbestand Rechtsbeugung, wegen dem wird aber so gut wie nie ein/e Richter/in verurteilt. Das Problem ist altbekannt, und auch in der Fachwelt wurde schon kritisiert, dass § 339 StGB zu restriktiv angewandt wird. Er lautet:

> „Ein Richter, ein anderer Amtsträger oder ein Schiedsrichter, welcher sich bei der Leitung oder Entscheidung einer Rechtssache zugunsten oder zum Nachteil einer Partei einer Beugung des Rechts schuldig macht, wird mit Freiheitsstrafe von einem Jahr bis zu fünf Jahren bestraft."

Der Bundesgerichtshof hat schon immer besondere Voraussetzungen für die Anwendung dieses Paragrafen vorgegeben. So zum Beispiel in einem Urteil vom 3.9.2001:

> „Rechtsbeugung begeht nur der Amtsträger, der sich bewußt und in schwerwiegender Weise von Recht und Gesetz entfernt."

Das steht für eine Dreistigkeit, die sich in juristischen Dingen kein anderer Berufsstand erlauben kann, als eben der juristische, der die Definitionsmacht hat. Wir sind es eigentlich gewohnt, dass eine Straftat nicht nur dann vorliegt, wenn sie bewusst begangen wird. Wir kennen den Begriff Fahrlässigkeit. Eine fahrlässig begangene Straftat wird weniger hart bestraft als eine bewusst begangene, aber sie wird bestraft. Doch für sich selbst behauptet die Justiz da ein Privileg. In einem Urteil vom 22.1.2014 hat der BGH seine diesbezügliche langjährige Rechtsprechung so begründet:

> „Der Tatbestand der Rechtsbeugung bedarf nach der ständigen Rechtsprechung des Bundesgerichtshofs insoweit einer Einschränkung, als eine „Beugung des Rechts" nicht schon durch jede (bedingt) vorsätzlich begangene Rechtsverletzung verwirklicht wird. (...)
>
> Der Täter des § 339 Abs. 1 StGB muss einerseits die Unvertretbarkeit seiner Rechtsansicht zumindest für möglich gehalten und billigend in Kauf genommen haben; andererseits muss er sich der grundlegenden Bedeutung der verletzten Rechtsregel für die Verwirklichung von Recht und Gesetz bewusst gewesen sein."

Da wird viel Bewusstsein vorausgesetzt, obwohl Bewusstsein schwer nachzuweisen ist. Die Frage nach dem bewussten Vorsatz bei Straftaten ist normalerweise die, die zur Unterscheidung von Fahrlässigkeit gestellt wird. Hier hingegen dient sie zur Unterscheidung zwischen akzeptablem und strafbarem Handeln. Die Begründung im zitierten Beschluss: „Nicht jede nur rechtsfehlerhafte Entscheidung" soll strafrechtlich geahndet werden.

Dass Gerichtsbeschlüsse oft in höheren Instanzen aufgehoben werden, und dass kein/e Richter/in Angst haben soll, wegen eines solchen kassierten Beschlusses selbst angeklagt zu werden, überzeugt als Argument für einen besonderen Schutz vor Strafverfolgung nicht. Auch in anderen Berufen wird Menschen, die bei der Arbeit das Risiko eingehen, anderen Leuten zu schaden, gegebenenfalls zugute gehalten, dass sie es in der entscheidenden Situation nicht unbedingt besser wussten, beziehungsweise dass ihr Handeln unter den gegebenen Umständen irgendwie vertretbar oder zumindest entschuldbar war. Bezüglich der

Rechtsprechung wird so etwas besonders einfach nachzuweisen sein, denn da ist es normal, dass es verschiedene Rechtsauffassungen gibt. Und wie immer gilt: Im Zweifel für den Angeklagten. Der BGH hat aber verhindert, dass gravierende richterliche Rechtsbrüche – die sich übrigens auch durch die Verfahrensführung ergeben können – geahndet werden.

Nach der hier angesetzten Logik könnten sich auch Krankenhäuser darauf herausreden, dass niemand größere Operationen durchführen würde, wenn er bei einem Fehler vor Gericht gebracht werden kann. In Wirklichkeit zahlen Krankenhäuser manchmal hohe Schadensersatzsummen an Opfer von Operationsfehlern. Niemand würde es in so einem Schadensersatzprozess wagen, zu argumentieren, dass kein bewusster Vorsatz vorlag, das Opfer zu schädigen, oder dass dem Operateur irgendeine „grundlegende Bedeutung“ nicht klar gewesen sei. Auch die Polizei könnte so ein Privileg für sich in Anspruch nehmen: Sie ist für das Ausüben von Gewalt zuständig, und wenn das mal rechtswidrige Ausmaße annimmt, dann ist das hinzunehmen, denn ein Vorsatz zu unrechtmäßiger Gewalt liegt nie vor.

Die Polizei hätte sogar mehr Gründe als die Richterschaft, so ein Privileg zu verlangen, denn sie gerät manchmal in unübersichtliche Situationen, gar in Gefahr – da gelten generell weniger strenge Maßstäbe. In welche unangenehmen Situationen kann denn ein Richter geraten, die sozusagen mildernde Umstände bei von ihm begangenen Rechtsbrüchen darstellen? Zum Beispiel Überarbeitung. So hielt das Bundesverfassungsgericht in einem Beschluss vom 14.7.2016 fest:

> „Nicht jedes Fehlverhalten, das sich als Reaktion auf eine chronische Überlastung erweist, wird den Rechtsbeugungstatbestand erfüllen. (...) Der Rechtsbeugungstatbestand stellt sich als Gegenstück zur richterlichen Unabhängigkeit dar; die Vorschrift zielt auf die Sicherung und Wahrung der Verantwortlichkeit des Richters und die Achtung von Recht und Gesetz auch durch den Richter selbst. Die Verwirklichung dieser Zielsetzung setzt jedoch voraus, dass dem zur Entscheidung berufenen Richter ausreichend Zeit zu einer allein an Recht und Gesetz orientierten Bearbeitung des Falles zur Verfügung steht. Nur wenn dies gewährleistet ist, kann der Richter seiner persönlichen Verantwortung gerecht werden. Dabei wird stets die konkrete, subjek-

tive Belastungssituation des Richters in den Blick zu nehmen sein. Eine Orientierung allein an vermeintlich objektiven, durchschnittlichen Bearbeitungszeiten genügt dem nicht."

Wenn alle Berufsgruppen in Anspruch nehmen würden, bei Arbeitsüberlastung nicht für Fehler verantwortlich zu sein, stünden Staat und Wirtschaft immer mal wieder vor dem Kollaps, denn dann würden permanent Fehler begangen in dem Bewusstsein, dass das straflos bleibt. Das Verfassungsgericht meint allen Ernstes: Ein Richter mit zu viel Arbeit kann eventuell „seiner persönlichen Verantwortung" nicht gerecht werden. Und darf deshalb anderen Menschen schaden.

Unabhängig von den üblichen juristischen Konstruktionen zur Selbstrechtfertigung ist ein Problem bei der Verfolgung von Rechtsbeugung, dass dieser Tatbestand mit einer Mindeststrafe von einem Jahr Haft (die auf Bewährung ausgesetzt werden kann) einhergeht. Dadurch wird der Verurteilte aus der Justiz entfernt. Dabei kann Rechtsbeugung auch in Fällen vorliegen, wo niemand einen körperlichen Schaden erleidet. Dennoch bedeutet die Entscheidung in der Frage Rechtsbeugung die Entscheidung über Fortgang oder Ende einer Karriere. Gäbe es je nach Schwere des verursachten Schadens abgestufte Strafen, wie überall sonst auch, würde die Rechtsbeugung vielleicht leichter, beziehungsweise öfter bejaht werden. Vielleicht aber auch nicht, denn es gibt ja jetzt eine jahrzehntelange Rechtsprechung dazu.

Wer an die Wurzeln dieser Rechtsprechung geht, wird auf einen weiteren Skandal stoßen. Sie bildete sich nämlich am Umgang mit ehemaligen Nazi-Richtern aus. Der BGH hat so ziemlich alle ehemaligen Richter, die von einem deutschen Gericht wegen der Beteiligung an Todesurteilen in Diensten der Nazis verurteilt worden waren, entlastet. Der 5. Strafsenat hat das in einem Urteil vom 16.11.1995 nebenbei festgehalten:

„Die vom Volksgerichtshof gefällten Todesurteile sind ungesühnt geblieben, keiner der am Volksgerichtshof tätigen Berufsrichter und Staatsanwälte wurde wegen Rechtsbeugung verurteilt, ebensowenig Richter der Sondergerichte und der Kriegsgerichte. Einen wesentlichen Anteil an dieser Entwicklung hatte nicht zuletzt die Rechtsprechung des Bundesgerichtshofs (vgl. BGHSt 10, 294; BGH NJW 1968, 1339, 1340; vgl. dazu LG Berlin DRiZ

> 1967, 390, 393, r. Sp.). Diese Rechtsprechung ist auf erhebliche Kritik gestoßen, die der Senat als berechtigt erachtet. Insgesamt neigt der Senat zu dem Befund, daß das Scheitern der Verfolgung von NS-Richtern vornehmlich durch eine zu weitgehende Einschränkung bei der Auslegung der subjektiven Voraussetzungen des Rechtsbeugungstatbestandes bedingt war."

Weil es eben auf die Subjektivität, das Bewusstsein ankommt, befand der BGH in den 1950er- und 1960er-Jahren stets: Wer im festen Glauben an das Nazi-Recht Todesurteile unterschrieb, handelte nach damals gültigem Recht und setzte keine eigenen Maßstäbe an. Rechtsbeugung bedeutet aber gerade die Entfernung vom Recht wegen eigener Maßstäbe.

Einer der prominentesten Fälle in dieser Hinsicht war der von Hans Joachim Rehse 1967/68. Rehse war Richter am berüchtigten Volksgerichtshof der Nazis gewesen, an dem verschärfte Bedingungen galten. Er war an Todesurteilen gegen Menschen beteiligt, die in privaten Gesprächen die Niederlage der Wehrmacht vorausgesagt oder Witze über die politische Führung gemacht hatten. Rehse argumentierte als Angeklagter nicht etwa, dass er aus Angst vor dem berüchtigten Gerichtsvorsitzenden Roland Freisler die Nazi-Gesetze mit aller Härte angewandt hätte, und selbst kein Nazi gewesen sei, denn damit hätte er zugegeben, den verbrecherischen Charakter des Nazi-Rechts erkannt zu haben und entgegen seiner Überzeugung geurteilt zu haben, also bewusst Unrecht begangen zu haben, was als Rechtsbeugung hätte gewertet werden können. Stattdessen verlegte er sich, wie andere vor ihm, erfolgreich auf das Argument, er habe absolut an die Triftigkeit der damaligen Gesetze geglaubt. Wie das von der BRD-Justiz gewürdigt wurde, geht aus einem Artikel des Magazins *Der Spiegel* vom 8.12.1968 über den Freispruch für Rehse vor einem Berliner Gericht unter Leitung von Kammergerichtsrat Ernst-Jürgen Oske hervor:

> „Herr Oske sprach vom Recht eines jeden, auch des totalitären Staates auf Selbstbehauptung. Auch dem NS-Staat sei nicht abzusprechen, daß er der Selbstbehauptung dienende Gesetze erlassen und beibehalten habe. Es habe dazu eben jeder Staat das Recht – 'und es darf insofern auf die unlängst erlassenen Notstandsgesetze hingewiesen werden'."

Gegen die Notstandsgesetze gab es riesige Demonstrationen, weil sie an die Gesetzeslage erinnerten, die Hitlers Aufstieg an die Macht ermöglicht hatten. Dieser Richter sah es andersherum: Weil die Notstandsgesetze in Ordnung gehen, ist prinzipiell auch das Nazi-Recht als legitimes Recht anzusehen. Beängstigend ist dabei das Argument, jeder Staat habe ein Recht auf Selbstbehauptung. Eigentlich heißt es ja immer, in der Demokratie sei der Staat für die Menschen da, beziehungsweise für die Durchsetzung der Grundrechte, und das Volk sei der Souverän (was auch immer das bedeuten soll). Ein Recht auf Selbstbehauptung des Staates auch im Widerspruch zu den Grundrechten jedes Einzelnen zu behaupten, steht dem entgegen. Das setzt den Staat als höchsten Zweck und ist somit typisch für den Faschismus. Zu bedenken ist dabei, dass dieses Gericht sich an die bereits etablierte Rechtsprechung des BGH zu ehemaligen Nazi-Richtern anlehnte. Dort war schon 1956 zu lesen gewesen, dass auch der Nazi-Staat ein Selbstbehauptungsrecht gehabt habe. Ebenfalls erwähnenswert: Kammergerichtsrat Oske war 1968 laut *Spiegel* erst 42 Jahre alt. Er war somit nicht nur kein Alt-Nazi, sondern konnte auch gar nicht zur Nazi-Zeit studiert haben. Der *Spiegel*-Artikel hält dann fest:

> „So war denn Herrn Rehse nicht zu widerlegen, er habe seine Entscheidung stets in eigener, freier Überzeugung getroffen. Daß Herr Rehse zu der ‘damals herrschenden Abschreckungstheorie’ stand, sich als Richter zu ihr bekannte, deswegen, so Herr Oske, ‘kann man einem Richter heute keine Vorwürfe machen’.“

Der Abschreckungsgedanke (von Theorie zu sprechen, ist wohl übertrieben) des Nazi-Kriegsrechts, demzufolge eine negative Äußerung über die Wehrmacht als Feindbegünstigung oder Wehrkraftzersetzung galt, war also legitim genug, um darauf Todesurteile zu gründen, die auch von der BRD-Justiz nicht in einer Weise beanstandet wurden, dass die verantwortlichen Richter wegen Rechtsbeugung verurteilt worden wären. Diese Justiz hat sich 20 Jahre lang mehr Mühe gegeben, mörderische Richter freizusprechen, als Kinder zu ihrem Grundrecht auf eine gute Beziehung zu beiden Eltern kommen zu lassen. Dass sie es schaffen wird, die massiv rechtswidrige Familiengerichtskatastrophe zumindest stellenweise zu ahnden, ist, gelinde gesagt, sehr unwahrscheinlich.

--•--

Es gibt also zwei fundamentale Probleme: Die deutschen Familiengerichte missachten geradezu strukturell bedingt gesetzliche Vorgaben, und sie sind, wie alle deutschen Gerichte, dafür praktisch nicht belangbar. Und es gibt sogar noch ein drittes Problem: Grundlegende Vorstellungen, die Laien – oder sogar Leute mit Ahnung – davon haben, wie ein Gericht funktioniert, treffen auf die Familiengerichte nicht zu.

Im Grunde besteht im deutschen Rechtssystem folgende Hierarchie: In Zivil- und Strafsachen kommt normalerweise nach der zweiten Instanz der Bundesgerichtshof. Die Familiengerichte sind keine eigene Gerichtsbarkeit, wie zum Beispiel die Sozial- oder Finanzgerichte, sondern sie gehören eigentlich auch in diese Hierarchie. Sie sind aber davon weitgehend ausgenommen. Ein OLG-Beschluss ist fast immer das Ende eines familienrechtlichen Streits (eine Verfassungsbeschwerde ist möglich, wird dann aber fast immer ohne Begründung zurückgewiesen). Den Beschwerdeweg zum BGH erlaubt das OLG nur in besonderen Fällen. Darüber wird seit Jahren diskutiert. In der erwähnten Bundestagsanhörung von 2019 machte die Oberlandesrichterin Gudrun Lies-Benachib das Problem mit einem Vergleich deutlich:

> „Ein Autofahrer kann die Justiz über drei Instanzen mit der Frage beschäftigen, ob gegen ihn zu Recht ein 250 € übersteigendes Bußgeld wegen zu schneller Fahrt verhängt wurde. Streiten jedoch Eltern darum, wo ihr Kind nach der Trennung leben soll, oder ob das Jugendamt ihr Kind aus ihrer Familie herausnehmen und in einem Heim unterbringen darf, ist nach zwei Instanzen mit dem Beschluss des Oberlandesgerichts das letzte Wort gesprochen. Das verstehen die betroffenen Bürgerinnen und Bürger nicht, und eine sachliche Begründung dafür wird nicht einmal versucht, denn die Beschränkung hat ausschließlich fiskalische Gründe."

Weniger vornehm ausgedrückt: Es geht um die Kosten für den Staat. Im BGH gibt es nur einen Senat für Familienrecht, wie mehrere Fachleute in der Anhörung erwähnten. Könnten alle OLG-Beschlüsse angegriffen werden, wären mehr BundesrichterInnen nötig. Zu den Fachleuten, die die sogenannte Nichtzulassungsbeschwerde (also die Beschwerde dagegen, dass das OLG den Weg zum BGH nicht zulässt) befürworteten, gehörte auch der erwähnte Rechtsanwalt Johannes Hildebrandt. Seine Begründung, in der er einen Verfassungsgerichtsbeschluss zitierte:

> „Gerade bei familientrennenden Maßnahmen in Kinderschutzfällen stehen schwerstwiegende Grundrechtseingriffe zur Debatte, die das Lebensschicksal von Familien, also Eltern und Kindern nachhaltig und unmittelbar beeinflussen. Es sind die denkbar schwersten (BVerfGE 60, 79 ‹89›) Grundrechtseingriffe überhaupt, abgesehen von der Inhaftierung. Diesbezüglich sagen aber viele betroffene Eltern, sie würden selbst lieber ins Gefängnis gehen, als ihre Kinder weiterhin im Kinderheim zu sehen. Die Eltern-Kind-Bindung ist eben naturgemäß so tiefgehend und essentiell, dass in diesem Bereich der höchstmögliche Grundrechtsschutz erforderlich ist. (...)
>
> Dort, wo die Rechtsbeschwerde möglich ist, nämlich im Betreuungsrecht, hat der Bundesgerichtshof eine Fülle von hilfreichen und detaillierten Entscheidungen etwa zu Inhalt und Methodik von Sachverständigengutachten getroffen. Wir Familienanwälte wären heilfroh, wenn auch in Kindschaftssachen ähnliches möglich wäre. Warum sollten die Rechte von Kindern und Jugendlichen prozessual weniger wert sein, als die von älteren Menschen und psychisch Kranken?“

Weil man der Auffassung sein kann, dass Minderjährige nicht in den direkten Genuss aller verfassungsmäßigen Grundrechte kommen. So hat es jedenfalls die deutsche Justiz jahrzehntelang gesehen.

Daneben kritisieren manche Fachleute einen Mangel an Einheitlichkeit der Rechtsprechung, wenn der BGH kaum jemals Leitlinien vorgibt. Das hielt die Bundesrechtsanwaltskammer in einer Pressemitteilung von November 2021 fest, in der sie sich auch auf den dieselbe Haltung vertretenden *Deutschen Anwaltverein* stützte:

> „So passen sich Rechtsanwältinnen und Rechtsanwälte heutzutage stromlinienförmig an die Rechtsauffassung desjenigen Oberlandesgerichtes an, an dem das jeweilige Verfahren gerade geführt wird. Dies ist ein für die Einheitlichkeit der Rechtsordnung im gesamten Bundesgebiet, in der sonst sogar europäischer und internationaler Entscheidungseinklang angestrebt wird, unbefriedigendes Ergebnis. In diesem Zusammenhang spricht die

> kritische Literatur schon länger von einem 'an den OLG-Bezirken ausgerichteten Landrecht'."

Laien wie Nicht-Laien werden zudem wahrscheinlich davon ausgehen, dass sie im OLG eine Anhörung bekommen, wenn sie gegen den Amtsgerichtsbeschluss vorgehen. Doch im Familienrecht ist das nicht Pflicht. Da darf das OLG nach Aktenlage entscheiden, wenn im Amtsgericht eine Anhörung stattgefunden hat (was der Normalfall ist). Bei der Familie Fritz wurde das so gemacht. Die Beschwerde von Rolf Fritz gegen den Amtsgerichtsbeschluss, der seiner Ehefrau erlaubte, mit den Kindern in die USA umzuziehen, wurde vom OLG Stuttgart ohne Anhörung abgewiesen. Vorher hatte Fritz noch einen Antrag auf eine einstweilige Verfügung gestellt, der Frau eine Ausreise bis zum Ergehen des OLG-Beschlusses zu verbieten, doch das OLG wies auch diesen Antrag ohne Anhörung ab, weil es argumentierte, die Beschwerde gegen den Amtsgerichtsbeschluss sei sowieso aussichtslos – das alles beruhte nur auf dem Studium der Gerichtsakte.

Die Kasseler Richterin Gudrun Lies-Benachib schrieb in ihrer Stellungnahme von 2019 an den Bundestag, diese Möglichkeit im Familienrecht vermittle den Eltern den Eindruck,

> „dass der Gesetzgeber ihr Anliegen weniger bedeutsam einschätzt, als die Rechtsstreitigkeiten anderer Bürgerinnen und Bürger, weil ihnen das Recht auf einen Termin mit den entscheidenden Richtern genommen wird".

Nicht einmal darauf, dass im OLG ein ganzer Senat mit drei RichterInnen über den Fall befindet, können wir uns verlassen, wie der Frankfurter Oberlandesrichter Stefan Heilmann in seiner Stellungnahme für den Bundestag anmerkte:

> „Bisher räumt das Gesetz dem Senat die Möglichkeit ein, auch ein kindschaftsrechtliches Verfahren auf den sogenannten 'entscheidenden Einzelrichter' zu übertragen, wenn dieses nach seiner Überzeugung keine besonderen Schwierigkeiten aufweist, beziehungsweise keine grundsätzliche Bedeutung hat. In der Praxis führt insbesondere eine hohe Belastung des Senats noch viel zu häufig dazu, dass von dieser Möglichkeit selbst in Kinderschutzfällen und hochstrittigen Sorgerechtsverfahren Gebrauch gemacht wird, da unter anderem die aufwändige Durchführung

> eines Senatstermins mit drei RichterInnen hierdurch vermieden wird."

Diskutiert wird auch darüber, schon in der ersten Instanz eine dreiköpfige Kammer entscheiden zu lassen. Viele Menschen sind das aus anderen Gerichten gewohnt. So erläuterte Prof. Dr. Rüdiger Ernst, Vorsitzender Richter am Kammergericht Berlin (das einem OLG entspricht), in der Bundestagsanhörung laut Protokoll:

> „Dieses Sechs-Augen- und Ohrenprinzip gibt es in unserer Rechtsordnung an vielen Stellen: im Arbeitsgericht, im Verwaltungsgericht, in der Strafgerichtsbarkeit und auch beim Landgericht, in erster Instanz. Das sollte, wenn es um minderjährige Kinder geht, genauso gestaltet werden."

Am Familiengericht hätte das schon mal den grundsätzlichen Vorteil, dass bei drei Leuten die Wahrscheinlichkeit steigt, dass zumindest einer von ihnen wirklich Ahnung vom Familienrecht hat.

Eine weitere Selbstverständlichkeit auch für juristische Laien ist eigentlich, dass Gerichtsbeschlüsse mit einschneidenden Konsequenzen nicht sofort Rechtskraft erhalten, weil eine Beschwerde gegen sie möglich ist. Familiengerichtsbeschlüsse hingegen werden sofort rechtskräftig. Das verdeutlicht nochmal die Brisanz der familienrichterlichen Tätigkeit und ihrer ungenügenden Vorbereitung. Du kannst eventuell jahrelang gerichtlich um deine Wohnung, deinen Arbeitsvertrag oder andere wichtige Dinge kämpfen – aber ein haarsträubender Beschluss einer nur halbgebildeten Amtsrichterin, und dein Kind lebt in Amerika, mit unabsehbaren Konsequenzen für euer beider Leben.

Es geht sogar noch krasser. Selbst einstweilige Anordnungen, die eine Eltern-Kind-Beziehung massiv belasten, bis hin zum Kontaktverbot (Fachwort: Umgangsausschluss), sind als sogenannte Zwischenentscheidungen nicht angreifbar. Die Logik dahinter ist, dass sie nur Übergangslösungen sein sollen. Die dauern aber oft lange und prägen die Beteiligten, vor allem die Kinder, auf eventuell fatale Weise. So führte der Anwalt Johannes Hildebrandt in der Bundestagsanhörung aus:

> „Dauerhafte Umgangsausschlüsse, oftmals über Jahre hinweg, greifen ähnlich schwerwiegend in Grundrechtspositionen von Eltern und Kindern ein wie familientrennende Maßnahmen, oft sogar noch schwerwiegender. Umso grotesker ist, dass die-

> se Umgangsausschlüsse, vom Amtsgericht in erster Instanz im Eilverfahren angeordnet, nicht einmal mit einem Rechtsmittel angreifbar sind."

Auch die Bundesrechtsanwaltskammer nannte es in einer Stellungnahme von August 2024 „überfällig", dass solche Beschlüsse anfechtbar sind, selbst wenn sie Eltern-Kind-Kontakte nur teilweise einschränken.

Gegen die jahrelang – und, wohl in geringerem Ausmaß, bis heute – beklagte unsägliche Verschleppung familiengerichtlicher Verfahren wurde die sogenannte Beschleunigungsrüge eingeführt. Sie legt keine Fristen fest, sondern nur die Möglichkeit, auf eine Beschleunigung des Verfahrens zu drängen. Wenn das Amtsgericht die Rüge zurückweist, kann sie zum OLG getragen werden. Aber an wen geht denn die Beschwerde zunächst? Wer kümmert sich darum im Amtsgericht? Doch nicht etwa derselbe Richter, gegen den sie sich richtet? Ich habe auch das beim AG Braunschweig erfragt. Die Antwort ist ausweichend und nichtssagend – ein bloßes Zitieren des Gesetzes und die Versicherung, sich daran zu halten. Das macht misstrauisch, und dieser Eindruck wird durch die Antwort des AG Hannover bestätigt, dem ich dieselbe Frage gestellt hatte:

> „Die Beschleunigungsrüge ist in § 155b FamFG geregelt. Demnach entscheidet in erster Instanz 'das Gericht', also die für das Verfahren zuständige Richterin bzw. der zuständige Richter."

Wir haben also ein seit langem bekanntes Problem mit den Verfahrensdauern in Familiengerichtsprozessen; Eltern-Kind-Beziehungen leiden oft immens allein schon darunter, unabhängig vom Ausgang des Verfahrens; deswegen sind Deutschlands Justiz und Regierung schon wiederholt vom Europäischen Menschengerichtshof verurteilt worden; als Reaktion wird speziell für die Familiengerichte die Möglichkeit der Beschleunigungsrüge eingeführt. Doch wer diese Möglichkeit nutzt, landet bei genau der Person, gegen die sich die Rüge richtet! Wer sich das ausgedacht, beziehungsweise im Bundestag dafür gestimmt hat, zeigt damit sein Desinteresse an angemessen funktionierenden Familiengerichten, und damit an den verfassungsmäßigen Rechten aller Familien.

7. Was wir tun können: Die Kinder nicht dem Staat überlassen!

Wer trotz allem noch Vertrauen in die deutschen Familiengerichte hat, sollte einen Blick in einen Beschluss des Bundesverfassungsgerichts vom 17.11.2023 werfen. Dort ist gegen Ende zu lesen:

> „Soweit ersichtlich, besteht nach derzeitigem Stand der Fachwissenschaft kein empirischer Beleg für eine elterliche Manipulation bei kindlicher Ablehnung des anderen Elternteils, oder für die Wirksamkeit einer Herausnahme des Kindes aus dem Haushalt des angeblich manipulierenden Elternteils."

Deutschlands höchstes Gericht bestreitet also erstens, dass eine Manipulation des einen Elternteils der Grund dafür sein kann, dass das Kind den anderen Elternteil ablehnt, und zweitens, dass es da helfen kann, den Lebensmittelpunkt des Kindes beim abgelehnten Elternteil festzulegen. Diese hanebüchenen Behauptungen sorgen in der Fachwelt für Diskussionen und Empörung. Sie werden seit Jahren von Verbänden, die vor allem Mütter vertreten, die ihren Kindern wenig oder keinen Kontakt zu den Vätern gönnen, sowie von großen Medien und Parteien verbreitet. Ich bin diesen Behauptungen bei der Recherche für dieses Buch mehrmals begegnet, und ich habe selten in meinem Leben etwas dümmeres und dreisteres gelesen. Aber diese Ideologie ist nun auch erfolgreich ins Bundesverfassungsgericht getragen worden.

Das Verfassungsgericht hat im Lauf der Jahrzehnte das eine oder andere Mal gute Impulse für eine Beherzigung von Artikel 6 des Grundgesetzes gesetzt, wie ich in Kapitel 3 gezeigt habe. Aber es hat auch oft in genau dieser Hinsicht versagt. Bis ganz nach oben haben wir eine Familiengerichtsbarkeit, die systematisch Kinder nicht nur vernachlässigt, sondern ihnen sogar einen Elternteil nimmt, und das in Abweichung von nicht nur einer ganzen Reihe Grundrechtstexten, sondern auch von deutschen Gesetzen, also mehr oder weniger direkten Handlungsanleitungen für die Gerichte. Wie sich das in der Praxis vollzieht, ist jedem bekannt, der sich mit der Materie beschäftigt. Ich wiederhole nur mal einige der Feststellungen von Fachleuten:

- keine familienrichterliche Ausbildung
- learning by doing mit Blutspur
- selten eine fundierte Konfliktdiagnose
- keine Sachverhaltsermittlung
- Unfähigkeit, dynamische Prozesse zu erfassen
- unausweichliche Fehler in der Rechtsprechung
- kein zuverlässig funktionierender Rechtsstaat
- rechtsstaatlich hochgradig zweifelhafte Verfahrensweisen
- Mangel an Durchsetzung der eigenen Beschlüsse
- Beschädigung der verfassungsrechtlich vorgegebenen richterlichen Unabhängigkeit
- Arroganz und Selbstüberschätzung seitens der Gerichtsleitungen und Landesministerien.

Die deutsche Familienrechtsprechung ist tendenziell unmenschlich. Das sage nicht nur ich, sondern auch sozusagen ein Aussteiger, nämlich der wiederholt erwähnte langjährige Familienrichter Jürgen Rudolph. Sein Buch von 2007 heißt mit vollem Titel und Untertitel: *Du bist mein Kind. Die „Cochemer Praxis" – Wege zu einem menschlichen Familienrecht.*

Nun ist es aber wichtig, festzuhalten: All die hier aufgezeigten Mängel in den Gerichten sind keine Erklärung für die Katastrophe, in die unzählige Kinder und Jugendliche durch sie gestürzt worden sind. Das auch im Ländervergleich seit langem irre Ausmaß an Eltern-Kind-Kontaktabbrüchen, das zum Teil direkt durch Gerichtsbeschlüsse, zum Teil indirekt durch deren Folgen, und zu einem weiteren Teil durch eine schlechte Verfahrensführung (Stichwort Beschleunigungsrüge) zustande kommt, ist mit schlechter Ausbildung, Überarbeitung und juristischer Unangreifbarkeit der Gerichte allein nicht erklärbar. Es ist fast egal, welches Verständnis von „normal" wir ansetzen – kein normaler Mensch würde ständig Kinder von ihren Eltern trennen, obwohl die gut für sie sind. Es ist keine Ausbildung nötig, um zu verstehen, dass Kindern ihre gute Beziehung zu ihren Eltern erhalten werden muss, und dass der Wegzug des Kindes an einen weit entfernten Ort das zumindest stark erschwert, in vielen Fällen sogar verunmöglicht. Irgendetwas stimmt also ganz grundsätzlich nicht mit den deutschen FamilienrichterInnen. Selbst alkoholabhängige, psychisch labile und mehrfach strafrechtlich verurteilte Obdachlose scheinen vertrauenswürdiger zu sein, wenn jemand gesucht wird, der im Sinne eines Kindes über dessen Lebensverhältnisse nach der Trennung der Eltern entscheiden soll.

Das zeigt übrigens auch ein Verbesserungsvorschlag, den der Anwalt Johannes Hildebrandt 2019 dem Bundestagsrechtsausschuss machte. Er brachte Schöffinnen und Schöffen ins Spiel, also juristische Laien, die, wie in anderen Rechtsbereichen, dem Richter, bzw. der Richterin assistieren. Hildebrandt führte dazu aus:

> „Unter der Anleitung eines informierten und insistierenden Juristen als Vorsitzenden wäre der gesunde Menschenverstand von Schöffen (idealerweise von solchen, die selber Kinder großgezogen haben) gegenüber mancherlei jugendamtlichem Bevormundungseifer sicherlich ein gutes Korrektiv."

Das war leider unkritisch formuliert. Das Korrektiv gegenüber dem Jugendamt müsste eigentlich der Richter sein. Er selbst braucht als Korrektiv die Schöffen. Es ist peinlich, dass ihm da bestimmte Personen schon deshalb von Nutzen sein sollen, weil die einfach schon Kinder großgezogen haben.

Wie einfach ein Gericht die Orientierung an den verfassungsmäßigen Rechten der Kinder – was der Hauptexistenzzweck der Familiengerichte ist – umsetzen kann, zeigt der US-Bundesstaat Kalifornien. Dort wird bei einem geplanten Umzug von Kindern, die mit getrennten Eltern aufwachsen, dem Aspekt der räumlichen Trennung besondere Beachtung geschenkt. Eine Internetsuche mit zum Beispiel der Wortfolge: „California child custody 50 miles", führt zu mehreren anwaltlichen Informationsangeboten, denen zufolge die kalifornischen Gerichte einen Radius von 50 Meilen (80 Kilometern), oder auch weniger ansetzen, um die Beziehung des Kindes zum anderen Elternteil zu erhalten. Es gibt kein Verbot von weiter weg führenden Umzügen, aber der umzugswillige Elternteil, der das Kind mitnehmen will, muss dann sozusagen gute Argumente und Lösungsmöglichkeiten für den Erhalt der Beziehung des Kindes zum anderen Elternteil aufbieten. Ansonsten riskiert er nach meinem Verständnis sein Aufenthaltsbestimmungsrecht für das Kind. Derartiges ist in Deutschland völlig unüblich – hier gilt das Aufenthaltsbestimmungsrecht nach wie vor als eine Art Eigentumsrecht am Kind, das dann wie ein Möbelstück an einen anderen Ort umplatziert werden darf. Und wer das alleinige Aufenthaltsbestimmungsrecht nicht hat, der kann es im Zuge eines Umzugs erlangen, siehe den Fall Fritz.

So ein einfaches Element der familiengerichtlichen Praxis wie in Kalifornien ist kein Allheilmittel, aber es wirft die Frage auf: Warum sind deutsche Familiengerichte so schlimm, und offenbar bedeutend schlimmer als die in anderen Ländern? Jürgen Rudolph hatte sich diese Frage ebenfalls gestellt. In seinem Buch argumentiert er, in Deutschland sei es schlimmer als woanders, weil es hier eine besondere Tradition der Autoritätshörigkeit gebe. Das führe zu einem Mangel an Orientierung an interdisziplinärer Kooperation und somit zu besonders schlechten Ergebnissen für die Familien.

Mich überzeugt das erst mal nicht allzusehr. Zum einen ist keine interdisziplinäre Orientierung nötig, um zu wissen, dass Kindern ihre gute Beziehung zu beiden Eltern erhalten werden sollte. Zum anderen erscheint Autoritätshörigkeit nicht als guter Erklärungsansatz, weil selbst die höchsten Gerichte, also die höchsten juristischen Autoritäten immer wieder Mist bauen. Dass das Bundesverfassungsgericht auch anders kann, hat es im Lauf der Jahrzehnte ein paar Mal gezeigt, aber gerade das wirft die Fragen auf, warum es nicht ständig die Einhaltung des Grundgesetzes verlangt, und warum es auch im Familienrecht fast alle Verfassungsbeschwerden nicht zur Entscheidung annimmt.

Aber auch mich hat die Frage nach einer spezifischen deutschen Autoritätshörigkeit beschäftigt. Sie ist im Hinblick auf den Nationalsozialismus immer mal wieder gestellt worden. Diese Frage fasst mentale Strukturen ins Auge, die bei der vorherrschenden Fokussierung auf die Nazi-Ideologie vergessen werden. Eine der wichtigsten Lehren aus dem deutschen Faschismus haben nach meinem Eindruck die wenigsten Menschen realisiert: Mindestens genauso erschreckend wie die Zahl und gesellschaftliche Vielfalt der Menschen, die mehr oder weniger gläubige Nazis waren, ist die Vielzahl der Menschen, die Teil des Systems waren, ohne wirklich davon überzeugt zu sein. Das ist eine Konstante in staatlichen Bürokratien, die in Nazi-Deutschland nur besonders stark und wirkmächtig war. Ich habe vor langer Zeit mal gelesen, dass in einem der Nürnberger Prozesse gegen die Hauptverantwortlichen einem Zeugen, der wohl ein hoher Beamter gewesen war, die Frage gestellt wurde, warum so viele Beamte bei so vielen schlimmen Dingen mitgemacht hatten, wenn sie doch gar keine überzeugten Nazis gewesen sein sollen. Die Antwort lautete ungefähr: Der deutsche Beamte zieht seinen Berufsstolz traditionell daraus, dass er unabhängig von der Ausrichtung der jeweiligen politischen Führung seine Arbeit immer gleich gewissenhaft erledigt – also dass er unpolitisch ist.

Das ist die bedeutsame Parallele zwischen BeamtInnen und JuristInnen, die besonders stark bei verbeamteten JuristInnen durchschlägt. Ihr berufliches Selbstverständnis beinhaltet eine gewisse Fähigkeit zur Entmenschlichung. Ihre Priorität ist das Anwenden von Regeln auf Menschen. Sie behandeln Fälle, nicht Menschen. Sie machen sich hart gegen die negativen Konsequenzen der Regelanwendung für die Betroffenen. Sie fühlen sich nicht primär als Mitmenschen, sondern als Verkörperung einer Institution. Schreibtischtäter gibt es in jeder Bürokratie.

Ich betrachte diese Mentalität als die Hauptursache für die Brutalität der deutschen FamilienrichterInnen. Sie wissen oft, dass Kinder und Eltern unter den von ihnen geführten Verfahren oder erlassenen Beschlüssen leiden, aber sie reden sich stets ein, dass es in dem jeweiligen Fall nicht anders gehe, und dass sie ja nur die Regeln anwenden. Eigenständiges Denken ist nicht wirklich eine juristische Tugend, zumindest nicht in der Sichtweise der meisten JuristInnen. Das gilt in allen Ländern, möglicherweise aber immer noch besonders stark in Deutschland.

Sichtbar wird das besonders gut, wenn Einzelne ausbrechen, eben gerade weil sie sich eigenständig Gedanken gemacht haben. Das geht auch auf der untersten Ebene. Das bekannteste Beispiel ist der nun schon oft erwähnte (ehemalige) Familienrichter Jürgen Rudolph aus der Kleinstadt Cochem in Rheinland-Pfalz. Er suchte nach einem anderen Verfahrensmodell, einem, das sich wirklich an der Kindesperspektive ausrichtet, wie es eigentlich jedem Familiengericht vorgeschrieben ist. Sein Ansatz war es dann, von allen Verfahrensbeteiligten ein gemeinsames Vorgehen im Sinne der Kinder zu verlangen. Ein Hauptpunkt dabei: schnelle Verfahren. Das war in den frühen 1990ern, lange vor den erwähnten Verurteilungen Deutschlands durch den EGMR und der Schaffung der Beschleunigungsrüge. Ein anderer zentraler Gedanke Rudolphs: die Eltern in die Verantwortung nehmen, beziehungsweise sie ihnen nicht wegnehmen, wie es die häufige Gerichtspraxis war und immer noch ist. Die später sogenannte Cochemer Praxis bestand auf dieser Basis im Grunde vor allem darin, die lokalen Akteure auf gemeinsame Prinzipien einzuschwören: AnwältInnen, Jugendamt und Familienberatungsstellen (Verfahrensbeistände gab es damals noch nicht). Es ging darum, Eltern möglichst schnell in die Beratungsstellen zu kriegen, damit sie Lösungen erarbeiteten. Alle Beteiligten profitierten von weniger eskalativen Verfahren. Diese Vorgehensweise war nach wenigen Jahren so renommiert, dass sie die große Kindschaftsrechtsreform, die 1998 in Kraft trat, beeinflusste. Freilich war der Einfluss nicht umfassend. So hielt Rudolph in seinem 2007 erschienenen Buch zur Cochemer Praxis fest:

> „Seit 1998 sind Sorgerechtsentscheidungen praktisch nicht mehr getroffen worden. Hintergrund dieses Erscheinungsbildes ist, dass sich der Streit um das Sorgerecht als ein Phantomstreit entpuppt, wenn man die dahinterstehenden Interessen und Bedürfnisse beleuchtet."

Die Eltern stritten nämlich faktisch nicht um die Verantwortung, sondern um den Aufenthalt des Kindes und den Umgang mit ihm. Von diesem Erfolg ist die restliche deutsche Familiengerichtsbarkeit noch immer weit entfernt. Auch in der in Kapitel 2.2 erwähnten NDR-Doku *Das Kind kriegst du nicht* von 2012 wird die Cochemer Praxis lobend erwähnt, allerdings mit dem Hinweis, dass sie immer noch eine Ausnahme sei. Bezeichnend ist, was in dem Film die Richterin Cornelia Holldorf, Vizepräsidentin des Amtsgerichts Berlin-Pankow, dazu sagt:

> „Das ist ein totaler Wechsel unserer Tätigkeit und unseres Richterbildes, was uns auch nicht ganz leicht fällt. Der Richter hat's schon auch gerne etwas distanzierter, und wenn dann die Tür aufgeht, und Emotionen und Tränen losplatzen, dann ist das für uns erst mal eine Schrecksekunde. Allerdings haben wir eben erleben dürfen, dass wir mit dieser neuen Verfahrensweise bessere Lösungen und damit nachhaltigere Lösungen für die Familien

erzielen, und das gibt unserer Arbeit überhaupt erst mal wieder einen Sinn."

Der eine Richter sucht in seinem Buch „Wege zu einem menschlichen Familienrecht", die andere Richterin findet, dass die Arbeit ihres Berufsstandes bisher gar keinen Sinn hatte. Das bestätigt meine These, dass hier meistens eine bürokratische Existenz, die es gerne distanziert hat (distanziert von leidenden Menschen!), am Werk ist, die Verkörperung einer Institution, die mit Emotionen nichts zu tun haben will und schon gar keine Verantwortung für von ihr selbst ausgelöste Emotionen übernimmt. Dass emotionale und soziale Intelligenz zu anderen Vorgehensweisen führt, zeigt übrigens auch die sogenannte Warendorfer Praxis, die, ähnlich wie die Cochemer Praxis, aber viel später, im Landkreis Warendorf im Münsterland ausgearbeitet wurde – auch hier also wieder an einem ländlichen Amtsgericht. Solche Kreativität zur Vermeidung der in Deutschland üblichen familiengerichtlichen Härten zeigt, wie denkfaul und asozial die große Mehrheit der deutschen Familiengerichte arbeitet.

Wenn wir aber nun von unselbstständigen Rädchen im System reden, die zur Entmenschlichung von Kindern und Eltern neigen – und die wir als selbst entmenschlicht bezeichnen könnten, das wäre aber idealistisch, denn in Wirklichkeit sind Menschen gar nicht selten sehr gut im Unmenschlichsein –, und dabei die Parallele zu den (vermeintlich) unpolitischen SchreibtischtäterInnen in anderen Teilen der Staatsapparate ziehen, dann müssen die politisch Verantwortlichen ins Blickfeld geraten. Die Gerichte sind ja nicht der einzige Schauplatz des dauerhaften Großverbrechens an Familien. Ich habe gezeigt, dass Deutschlands Regierungen schon immer eher noch schlimmer als die Gerichte waren. Sie mussten manchmal gerichtlich zu grundgesetzkonformen Gesetzen gezwungen werden, sie haben nie für eine angemessene Ausbildung des viel zitierten familienrechtlichen staatlichen Wächteramts gesorgt, und sie haben sich nicht um überstaatliche Grundrechtsdokumente geschert, in denen Familienrechte anders festgelegt sind, als es in Deutschland der Stand war, beziehungsweise ist.

Da in Deutschland weder die Gerichte noch die politisch Verantwortlichen Anstalten machen, sich sachgerecht um das Recht der Trennungskinder auf ein gesundes Familiengefüge zu kümmern, muss aktuell die Devise lauten: Überlasst die Kinder nicht dem Staat! Sie sind auf die Hilfe, die emotionale Intelligenz und die Kreativität der Gesellschaft angewiesen. Es kursiert das Sprichwort (dessen Ursprung manche Leute in Afrika sehen): Um ein Kind zu erziehen, ist ein ganzes Dorf nötig. Die dahinter stehende Wahrheit ist: Kinder dürfen nicht nur als die Kinder ihrer Eltern angesehen werden. Wir alle haben eine Mitverantwortung für die Kinder in unserem Umfeld (wie auch für andere Menschen). Wir müssen präventiv ein Auge auf sie und ihre Eltern haben, wenn mindestens ein Elternteil sich dauerhaft offensichtlich nicht kindgerecht verhält. Landet der Fall erst mal vor Gericht, ist es eventuell zu spät, sich für das Kindeswohl einzusetzen. Es ist dann bisweilen auch schwierig, zu beurteilen, ob das Befolgen eines Gerichtsbeschlusses gut ist, oder ob Widerstand besser ist. Die Gerichte sind offenbar schlecht im Befrieden von Streitigkeiten, im Finden von Lösungen. Deshalb sollten alle Menschen darauf hinwirken, dass kindbezogene Elternkonflikte in einem anderen Rahmen angegangen werden. Wenn ein Elternteil sich erst mal juristisch kundig gemacht und festgestellt hat, dass seine Chancen auf einen Sieg bei Gericht gut sind, ist es eventuell zu spät.

Ich erwähne kurz zwei alternative Ansätze. Das Eine ist die Kooperative Praxis, ein freiwilliges außergerichtliches Konfliktbearbeitungsverfahren (nicht nur für Familienkonflikte). Der Wikipedia-Eintrag dazu erklärt:

> „Teilnehmer der Cooperativen Praxis sind die Parteien und ihre Anwältinnen und Anwälte sowie je nach Bedarf und gemeinsamer Übereinkunft weitere Fachpersonen wie zum Beispiel psychologische Berater, Kinderexperten (etwa Kinderpsychologen oder Sozialarbeiter) oder Steuerberater. Alle Beteiligten arbeiten gemeinsam darauf hin, mit den Konfliktparteien eigenverantwortlich eine Lösung zu erarbeiten, wobei die Anwälte und gegebenenfalls die anderen Fachpersonen sie parteilich unterstützen. Die CP-Anwältinnen und -Anwälte wie auch die Fachpersonen sind für das Verfahren Cooperative Praxis besonders geschult und alle zugleich Mediatorinnen und Mediatoren."

Zusammengefasst: Die Eltern sollen Hilfe dabei erhalten, eigenverantwortlich eine Lösung zu finden; sie sind anwaltlich vertreten; Fachleute sind einbezogen; und alle beruflich Beteiligten sind speziell für dieses

Verfahren ausgebildet. Genauso funktioniert theoretisch ein Familiengericht, mit der Ausnahme, dass es im Gericht keine gemeinsame Übereinkunft über die einbezogenen Fachleute geben muss (aber geben kann). Weil die Gerichte ständig versagen, bildet sich nun eine Parallelstruktur heraus, bei der das sehr oft inkompetente, gewissenlose und letztendlich verbrecherische staatliche Personal – Jugendämter eingeschlossen – außen vor bleibt.

Ein anderer Ansatz ist die Idee des Elternhauses, die unter *www.ein-herz-fuer-scheidungs-und-trennungskinder.de* vorgestellt wird: Es geht um die Schaffung eines Hauses, in das sich Trennungsfamilien wie bei einer Eltern-Kind-Kur zur Konfliktlösung zurückziehen können, erläutert mir im Februar 2025 der Lübecker Burkhard Röttger, der sich das Konzept ausgedacht hat. Es wird im Internet so erklärt:

> „Belastete Trennungskinder und Eltern erhalten einen haltgebenden, pädagogischen und psychologischen Mediations-Schutzraum, in dem sie Ruhe, Sicherheit, Förderung und Zuwendung finden für eine gleichberechtigte demokratische Erziehung. Die Kernfamilie wird eng einbezogen und beraten. Im Rahmen einer Diagnostik werden die Eltern bei Bedarf intensiv lösungsorientiert gecoacht. Die Familien wohnen, wenn nötig, bis zu 4 Wochen mit ihren Kindern im Elternhaus. Schulkinder werden in Abstimmung mit der Heimatschule gegebenenfalls per Homeschooling weiter unterrichtet. Der Entwicklungsstand der Kinder und Auffälligkeiten im Verhalten werden fundiert diagnostisch abgeklärt und angesprochen. Es werden gezielte Empfehlungen für erfolgversprechende weiterführende Unterstützungs- und Hilfeangebote an die Eltern und die Fachkräfte der Jugendämter gegeben.“

Das alles müsste also von einem multidisziplinären Team von Fachleuten begleitet werden. Dementsprechend wäre eine beträchtliche Finanzierung nötig. Wer das stemmen soll, ist unklar – Röttger hat nur mit ein paar Gleichgesinnten die Idee ins Internet gestellt, erklärt er mir. Von den Familiengerichten hat er eine schlechte Meinung. Er sei selbst Vater zweier Kinder, die er seit 14 Jahren nicht gesehen habe, weil sie ihm entfremdet worden seien, schreibt er im genannten Internetauftritt.

Derartige Ideen sind bitter nötig, denn den staatlichen Akteuren fällt nichts Substanzielles ein. Sie sind nach wie vor häufiger Teil des Problems als der Lösung. Dabei sind ihnen die Probleme bekannt. Ich habe in diesem Buch nichts Neues enthüllt, sondern nur Bekanntes zusammengetragen. Die weitgehende Ungeeignetheit der deutschen Familiengerichtsbarkeit und die völlig inakzeptable Vielzahl der Fälle von Eltern-Kind-Kontaktabbrüchen sind allen bekannt, die in diesem Bereich arbeiten. Im Grunde widmet sich die deutsche Familiengerichtsbarkeit der organisierten Kriminalität. Dabei gehört ihr Treiben zum Schlimmsten, was menschliche Gesellschaften je den eigenen Kindern angetan haben. Doch während Genitalverstümmelung, religiöse Indoktrination, ausbeuterische Kinderarbeit und Kindstötungen durch die eigenen Eltern (die im europäischen Mittelalter sowie im Zeitalter der Industrialisierung massenhaft vorkamen) einen Zweck verfolgen, nämlich die Aufrechterhaltung einer bestimmten moralischen Ordnung und damit gesellschaftlicher Herrschaftsverhältnisse, beziehungsweise das ökonomische Überleben oder zumindest die Steigerung des Einkommens der Familie, ist die Eltern-Kind-Trennung sinnlos. Die Kontaktabbrüche sind ein staatlicherseits eigentlich nicht gewolltes Produkt einer stumpf vor sich hin arbeitenden mächtigen Bürokratie, deren Mitglieder sich konstitutiv keiner Schuld bewusst sind, da sie jegliche persönliche Verantwortung prinzipiell ablehnen – eine Haltung, die ein Grundübel des modernen Staates ist und ohne die der Holocaust nicht in dem Maße möglich gewesen wäre, wie er tatsächlich geschehen ist. Die FamilienrichterInnen kennen die Gesetze und Grundrechte eigentlich, aber die große Mehrheit von ihnen ist unwillig, sie vollumfänglich zu befolgen, wenn das eigenständiges Denken erfordert. Wir leben in einer dauerhaften Justizkrise. Der vielleicht größte Justizskandal in der Geschichte dieser Republik wird noch lange anhalten, denn eine Lösung oder zumindest eine machtvolle Gegenbewegung ist nicht in Sicht.

Der Anwalt, Publizist und ehemalige Bundesregierungsexperte sowie Hochschuldozent Rudolf von Bracken schreibt in seinem Buch *Kinderrechte. Ein Handbuch für die Praxis der Sozialen Arbeit* von 2021:

> „Daran, wie eine Gesellschaft mit ihren Kindern umgeht, wie die Verantwortung für ihre Kinder verfasst ist, zeigt sich, was

> Menschen an sich wert sind, unabhängig von ihrer Kraft, ihrer Geltung, ihrer Stärke, ihrer Macht."

Der Staat hat in der ganzen Geschichte der BRD gezeigt, dass ihm diese kraft- und machtlosen minderjährigen Menschen nicht so viel wert sind, wie sie es verdienen, und wie er ihnen eigentlich im Grundgesetz garantiert. Es ist höchste Zeit, dass die Gesellschaft mehr Verantwortung übernimmt, und dem in ihrem Namen begangenen staatlichen Dauerverbrechen den Kampf ansagt.

Zitierte Literatur

Wassilios E. Fthenakis: Mehr als Geld? Zur (Neu-)Konzeptualisierung väterlichen Engagements. In: Wassilios E. Fthenakis / Martin R. Textor (Hrsg.): Mutterschaft, Vaterschaft. Beltz, Weinheim und Basel 2002

Wassilios E. Fthenakis (Hrsg.): Begleiteter Umgang von Kindern. Ein Handbuch für die Praxis. C.H. Beck, München 2008

Jorge Guerra: Eltern-Kind-Entfremdung als Kindeswohlgefährdung: Ursachen, Folgen, Auswege. In: Christoph Schmidt (Hrsg.): Recht für soziale Berufe 23-24. Nomos, Baden-Baden 2023

Jürgen Rudolph: Du bist mein Kind. Die „Cochemer Praxis" – Wege zu einem menschlichen Familienrecht. Schwarzkopf und Schwarzkopf, Berlin 2007

Rudolf von Bracken: Kinderrechte. Ein Handbuch für die Praxis der Sozialen Arbeit. Kohlhammer, Stuttgart 2021

Matthias Weber / Uli Alberstötter: Psychologische und sozialpädagogische Grundlagen beim Sorge- und Umgangsrecht. Reguvis, Köln 2022

Almuth Zempel: Sorge- und Umgangsrecht für nichteheliche Kinder. C.H. Beck, München 2013

Alibri